Claus-Dieter Kaul & Christiane M. Wagner

Montessori konkret

Handbuch zu einem ganzheitlichen Weg des Lernens im Elementarbereich

Band 3:
Spielerische Übungen im Bereich Sprache

Ideen für die Praxis

BRIGG VERLAG

Danksagung

Wir danken den vielen Kindern, die uns in den letzten 30 Jahren so offen begegnet sind und uns die Möglichkeit gegeben haben, ein tiefes Verständnis für die Aussagen Maria und Mario Montessoris zu entwickeln. In diesem offenen und ehrlichen Dialog konnten wir lernen, ihnen bedingungslos zu vertrauen, sie respektvoll zu begleiten und ihnen und uns selbst helfen, ein Selbstwertgefühl zu entwickeln.

Besonders möchten wir uns bedanken bei den Kindern und ihren Begleiterinnen des Montessori-Kinderhauses „Ein Kinderspiel e. V." München, die uns die Möglichkeiten gaben, die Fotoaufnahmen für dieses Buch zu gestalten.

Gedruckt auf umweltbewusst gefertigtem, chlorfrei gebleichtem
und alterungsbeständigem Papier.

2. Auflage 2019
Nach den seit 2006 amtlich gültigen Regelungen der Rechtschreibung.

Layout/Satz: PrePress-Salumae.com, Kaisheim
Fotos: Christiane Wagner, München

ISBN 978-3-95660-**085**-2

www.brigg-verlag.de

Inhaltsverzeichnis

Vorwort

Liebe Leserin, lieber Leser!

Mit der vorliegenden Buchreihe möchten wir Sie einladen und anleiten, die umfassende, wegweisende Pädagogik Maria Montessoris konkret kennen und „Schritt für Schritt“ anwenden zu lernen. Damit können Sie im Kindergarten und zu Hause eine förderliche Atmosphäre sowie Lernsituationen schaffen, in denen sich Ihre Kinder auch entsprechend neuen Standards gut entfalten und optimal entwickeln können.

In den letzten Jahren wurde der Ruf nach einer neuen Bildungs- und Erziehungskultur immer lauter. Nicht zuletzt haben verschiedenste Untersuchungen wie z.B. PISA oder TIMS uns alle hellhörig werden lassen, dass in unserem Bildungssystem einiges geändert werden muss. Sicherlich ist auch eine Schlussfolgerung daraus das Erscheinen von neuen Bildungsplänen für den Elementarbereich. Die Anforderungen hierin sollen den Lehrkräften einen Weg zeigen, die Kinder auf unsere heutigen Lebensbedingungen vorzubereiten. In vielen Gesprächen mit KursteilnehmerInnen stellen wir immer wieder fest, dass viele Erwachsene wenig konkrete Vorstellungen haben, wie sie diesen Anforderungen gerecht werden können. Sie sind noch derart verhaftet mit den Erwartungen aus ihren verschiedensten – teilweise schon lange zurückliegenden – Ausbildungen, wie auch mit ihren eigenen, noch nicht verarbeiteten „Erziehungserlebnissen“ aus ihrer Kindheit.

Es ist zu beobachten, dass die Montessori-Pädagogik – bezogen auf die heutige Zeit – vielen dieser Menschen eine große Hilfestellung in der Reflexion einer neuen Tätigkeit bietet. Warum ist gerade die Montessori-Pädagogik eine ganz konkrete Hilfe? Sicherlich hat das seinen Grund darin, dass diese „Pädagogik“ aus der Beobachtung des Kindes hervorgegangen ist, die von einer Ärztin erfolgte. Somit hat Maria Montessori keine Methode der Erziehung entwickelt, sondern als Ärztin beobachtet, wie das Kind lernt und daraus ihre Schlussfolgerungen gezogen. Das begründet die Aktualität in der heutigen Zeit. Bei der Schaffung der Lernumgebung für Kinder wird heute großer Wert gelegt auf das Einbeziehen des Wissens aus der Neurophysiologie und der modernen Psychologie. Dies deckt sich vollkommen mit den Erkenntnissen Maria Montessoris, vor allem bezüglich des didaktischen Aufbaus. Somit hat ihre Methode, die sich auf das von ihr entwickelte Material stützt, an Attraktivität nicht verloren.

Was unter heutigen Gesichtspunkten besonders in Augenschein genommen werden muss, ist allerdings die Rolle der Lehrkraft. Unsere Erfahrung hat gezeigt, dass die Umsetzung der Montessori-Pädagogik einen großen Anteil an Selbstreflexion nötig macht und letztlich in einer tatsächlich neuen Erziehungskultur mündet, die – wie Jesper Juul es beschreibt – uns die Möglichkeit gibt, vom Gehorsam zur Verantwortung zu kommen.

Wir mussten beide feststellen, dass dies für uns ein sehr intensiver eigener Prozess war, da wir sogar in unseren Ausbildungslehrgängen zur Montessori-Pädagogik noch erlebten, dass zwar theoretisch von Eigenverantwortung und Selbsttätigkeit die Rede war – die Art des Umgangs mit uns Erwachsenen aber noch überwiegend gekennzeichnet war durch eine Gehorsamskultur.

Somit ist es für uns auch nicht verwunderlich, dass in vielen Montessori-Einrichtungen zwar alle Montessori-Materialien vorhanden sind, die Haltung der Lehrkräfte allerdings noch stark gekennzeichnet ist von der „alten Erziehungskultur“.

Es ist uns somit ein dringendes Anliegen, mit diesen Handbüchern den Lehrkräften[1] im Elementarbereich eine Möglichkeit zu bieten, ihre Arbeit täglich zu reflektieren und dabei die von Søs Bayer genannten drei Kompetenzen zu entwickeln:

- Die Kompetenz, Beziehungen mit Kindern einzugehen
- Die Kompetenz, einen wichtigen Platz im Leben der Kinder einzunehmen, auch wenn man kein Elternteil ist
- Die Kompetenz, auszuhalten, dass die pädagogische Wirklichkeit dem Leben gleicht[2]

Ein wichtiges Anliegen dieser Reihe ist es, einen konkreten Wegweiser zu geben, wie sich die themenbezogenen Schwerpunkte des „Bildungsplanes der Elementarpädagogik" (BEP) konkret in der Montessoripädagogik reflektieren, welche vom Team des Montessori-Kinderhauses Bad Tölz so zusammengestellt wurden:

Mathematik erleben mit allen Sinnen – vom Konkreten zum Abstrakten
BEP – Mathematische Bildung

Ohne Achtung vor dem eigenen Körper geht es nicht
BEP – Gesundheitliche Bildung und Erziehung

Natur und Mensch – ein Zusammenspiel, in dem die Verantwortung des Menschen gegenüber der Natur sichtbar wird
BEP – Umweltbildung und -erziehung

Theorien des Kosmos verstehen lernen – Zusammenhänge erkennen
BEP – Naturwissenschaftliche und technische Bildung

Ein Schwerpunkt unserer Einrichtung – ganzheitliche Musikförderung
BEP – Musikalische Bildung und Erziehung

Sprache verstehen lernen
BEP – Sprachliche Bildung und Förderung

Sport und Bewegung unverzichtbar – Lernen durch Bewegung
BEP – Bewegungserziehung und -förderung, Sport

Offener Zugang zu allen kreativen Bereichen
BEP – Ästhetische, bildnerische und kulturelle Bildung und Erziehung

Religion als Fundament des menschlichen Daseins
BEP – Ethische und religiöse Bildung und Erziehung

In der Welt der neuen Medien und Technologien sich zurechtfinden
BEP – Medienbildung und –erziehung, elementare informationstechnische Bildung

Diese genannten Themen werden uns bei der Beschreibung der verschiedenen Aktivitäten begleiten.

Jahrzehntelang herrschte die Meinung vor, dass Schreiben- und Lesenlernen einzig und allein dem Bildungsauftrag der Schule vorbehalten sei und nicht bereits im Kindergarten angeboten werden kann.

Maria Montessori war ursprünglich – wie ihre Zeitgenossen auch – von der nicht vermeidbaren, mühevollen Qual des Schreiben- und Lesenlernens überzeugt. Sie erkannte jedoch bereits in der Arbeit mit den sogenannten „schwachsinnigen" Kindern 1889 – 1890 und später im Kinderhaus (ab 1907), dass die Mühe, die wir zum Erlernen des Alphabets für notwendig erachteten,

[1] Wir haben uns als Bezeichnung für die Begleitpersonen der Kinder für den Begriff „Lehrkraft" entschieden, um einerseits die geschlechtsspezifische Bezeichnung zu integrieren und andererseits deutlich zu machen, dass für uns in diesem Wort die professionelle Beziehungskompetenz enthalten ist, die sich kennzeichnet durch eine persönliche Autorität und nicht durch eine rollenbedingte Autorität.

[2] Jesper Juul, „Vom Gehorsam zur Verantwortung", Seite 163

ganz und gar unnatürlich ist und nicht mit dem Schreiben, sondern mit den Methoden, es zu lehren, zusammenhängt.

Sie erkannte, dass es sich beim Schreiben um einen psycho-physiologischen Vorgang handelt. Ihr wurde bewusst, dass die Kinder im Spiel viele wichtige vorbereitende Bewegungen durchführen, die aber noch nichts mit der eigentlichen Arbeit zu tun haben.

Die motorischen Mechanismen werden im kindlichen Alter fixiert – in der sensitiven Periode des Muskelsinns und dem Aufbau des koordinierten Bewegungssystems im Alter von etwa vier Jahren. Mit sechs bis sieben Jahren ist diese motorische Sensibilität nicht mehr so stark vorhanden. „Es sind ja die suchenden Händchen des ganz kleinen vierjährigen Kindes, das alles um sich herum berührt in dem unwiderstehlichen und unbewussten Bemühen, seine endgültige Koordination zu fixieren.“[3]

In der Arbeit mit Kindern zwischen drei und sechs Jahren ist tatsächlich immer wieder zu beobachten, wie diese jungen Kinder sich über spielerische Betätigungen wesentliche Sprachkompetenzen aneignen, die ihnen bereits wesentliche Grundlagen für die spätere Spracharbeit (z. B. Geschichten schreiben; Rechtschreibung; Grammatik) vermitteln.

Wir wünschen Ihnen, dass bei der Erfüllung Ihres Bildungsauftrages Freude und Liebe im Zentrum Ihrer Arbeit stehen. Bleiben Sie neugierig, wenn Sie mit den Kindern zusammen auf die Entdeckungsreise des Lebens gehen, zu der Ihnen diese Buchreihe eine ganzheitliche Grundlage vermittelt.

[3] Maria Montessori: Die Entdeckung des Kindes, S. 228

Sprachentwicklung

Die Zeit bis zum Alter von sechs Jahren ist für das Kind die empfänglichste Periode, Sprache zu erlernen.

Maria Montessori bezeichnet die Sprache als psychisches Organ, ja sie kann sogar als Organ des menschlichen Gehirns gesehen werden. Jedoch wird kein Kind mit einer Sprache geboren. Die jeweilige Sprache ist also etwas Gelerntes, das Kind muss diese selbst erwerben. „Dies ist nicht im eigentlichen Sinne Arbeit, weil das Kind die Sprache mit Freude unbewusst absorbiert und inkarniert, ohne zu ermüden. Gewährleistet ist damit, dass sich das Kind an seine Umgebung anpasst und mit seiner direkten Umgebung harmoniert."[1] Für die ersten zweieinhalb Lebensjahre hat Maria Montessori die Sprachentwicklung schematisch dargestellt (Siehe Seite 9).

In dieser Phase wird das Erlernen der Sprache für das Kind zu einer lustvollen Erfahrung. Es folgt einem inneren Drang und somit ist ihm die Anstrengung ein Vergnügen. Das Kind nimmt uns bei der Hand und wir lassen uns von der Bereitschaft des Kindes führen. Wir orientieren uns an ihm, wann es Interesse zeigt und wie lange es aufnahmebereit ist.

Maria Montessori beschreibt die Haltung der Lehrkraft folgendermaßen: „Wenn wir die Spracharbeit nicht auf das Lehren und Unterrichten reduzieren wollen, so müssen wir Erwachsene uns auf besondere Weise vorbereiten. Wir müssen selbst in die Sprache verliebt sein, dann werden wir durch unsere eigene Haltung auch bei den Kindern die nötige Wertschätzung hervorrufen."

Lotte Ingrisch schreibt in ihrem Buch „Die neue Schmetterlingsschule": „Wir müssen wieder Kinder und Zauberer werden, wir alle. Lehrer und Schüler, und lernen nicht beide voneinander? Tun sie es nicht, wird eine undurchlässige Mauer sie trennen. Durch eine Mauer kann man weder lehren noch lernen. Man bleibt unberührbar füreinander. Und entdeckt man nicht gerade, dass Unterricht nur gut ist, wenn ein gemeinsamer Rhythmus des Atmens Lehrer und Schüler verbindet? Das ist wie in der Musik. Dirigent, Orchester und Sänger – atmen sie gemeinsam, entsteht Kunst."[2]

Kinder entwickeln ihre sprachlichen Fähigkeiten, indem sie Erwachsenen beim Sprechen zuhören bzw. animiert werden, nachzusprechen, mitzuspielen, wenn sie sich freuen am Spiel mit Klängen und Worten.

---

1 Baiba Krumins Grazzini: Das Lied des Lebens. In: Das Kind. Zeitschrift für Montessoripädagogik. Heft 46, 2. Halbj. 2009, S. 54 ff. Hrsg. Deutsche Montessori Gesellschaft e. V. Wiesbaden

2 Lotte Ingrisch: Die Neue Schmetterlingsschule, Langen/Müller, München 2006, S. 67/68

Schema Sprachentwicklung nach Maria Montessori[3]

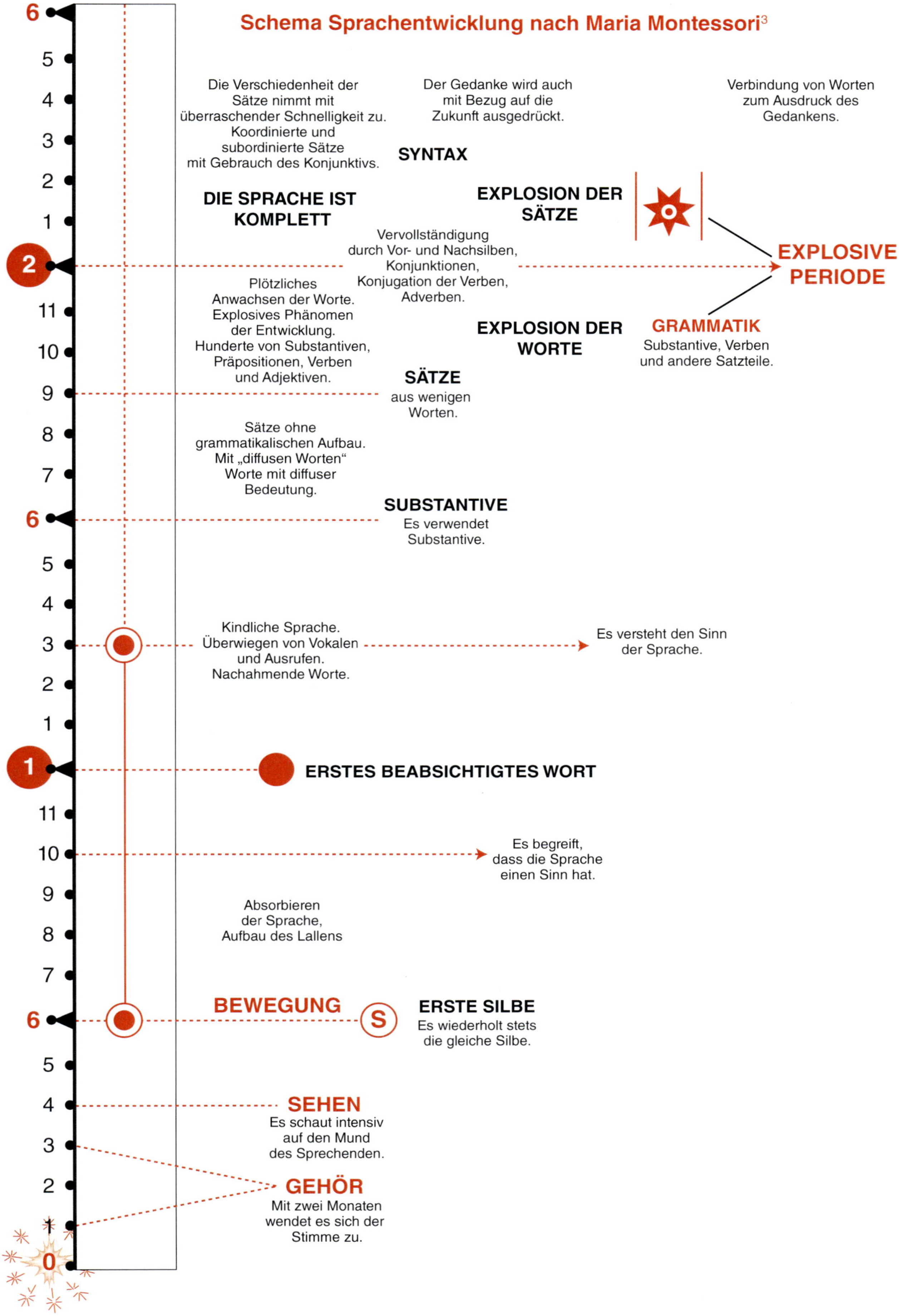

[3] Maria Montessori: Das kreative Kind, Herder Verlag, Freiburg 1972, S. 103

Das Kind hat sich im Alter von drei Jahren bereits die Sprache seiner Umgebung angeeignet. In unserer Montessori-Umgebung helfen wir ihm, sich bewusst zu werden, was es bereits besitzt, so dass es dies für seine weitere Entwicklung benützen kann. Wir müssen zuerst selbst überzeugt sein vom geistigen Aspekt der Sprache, diesem großartigen Geschenk der Kommunikation. Dies befähigt uns, etwas über unsere Vergangenheit zu erfahren und die Welt von allen Seiten kennen zu lernen, selbst wenn wir physisch von den Regionen, den Menschen oder den Zeiten weit entfernt sind, von denen wir lesen oder hören. Deshalb sollte die Fähigkeit der Verständigung in uns ein Gefühl der Dankbarkeit hervorrufen.

Lise Eliot schreibt dazu: „Sprechen zu lernen ist möglicherweise der größte intellektuelle Sprung im Leben eines Individuums. Es eröffnet ein ganz neues Universum von Fragen, Gedankengängen, sozialer Kommunikation und Meinungen (…) Diese lassen das Kind schließlich zur vollentwickelten Persönlichkeit heranreifen. (…) Sprache ist auch die entscheidende Basis für vieles, was wir als intelligentes Verhalten bezeichnen. Je mehr wir verstehen, wie sich das Sprachorgan des Hirns entwickelt, desto besser können wir die wichtigste Basis für die intellektuelle Entwicklung unserer Kinder fördern.“[4]

Die Lehrkraft hat die Aufgabe, die Umgebung dafür bestens vorzubereiten. Alle Aspekte der Sprache wie Wortschatzbereicherung, Schreiben und Lesen müssen in der Umgebung des Kindes lebendig werden. Maria Montessori spricht von der Kraft und vom Zauber der Sprache, an den sich die Lehrkraft erinnern sollte, während sie den Kindern dabei hilft, ihre Sprache zu erweitern.[5]

Sprache in diesem Licht gesehen ist nicht Studium eines Gegenstandes, sondern Hilfe zu und Vorbereitung auf ein wirkliches Leben.

[4] Lise Eliot: What`s going on in There? Zitiert nach Baiba Krumins Grazzini. Siehe Anmerkung 1.
[5] Vgl. Anm. 1

Kinder entwickeln ihre sprachlichen Fähigkeiten, indem sie Erwachsenen beim Sprechen zuhören und zuschauen. Wichtig ist das Sprachvorbild der Lehrkraft (Artikulation, Begriffe, Satzbau, Kommunikationsstil).

Wie könnte eine sprachanregende Umgebung für Kinder erlebbar sein? Claudia Schäfer hebt in ihrem Buch „Kleinkinder fördern mit Maria Montessori“[6] folgende Aspekte besonders hervor:

- Die Lehrkraft hat Freude an der Sprache und ist so Vorbild für die Kinder.
- Die Lehrkraft achtet auf eine gute Aussprache und redet nicht zu schnell.
- Die Lehrkraft berücksichtigt, dass manche Kinder mehr verstehen, als sie aktiv sprechen und unterschätzt sie deshalb nicht.

Mit kleinen Aufträgen wie: „Hilfst du mir die Brotzeit herrichten? Holst du die Messer?“ fördert sie das Sprachverständnis und das Gefühl, wichtig für die Gemeinschaft zu sein.

- Die Lehrkraft formuliert deutlich eine Aufforderung: „Der Stock ist auf dem Klettergerüst zu gefährlich. Gib ihn mir bitte. Du bekommst ihn später wieder.“
- Handlungen werden mit einfachen Worten begleitet: „Komm, wir gehen auf den Teppich.“

Sprache ist lebendiges Geschehen. Kindliche Sprache entfaltet sich nur in mündlicher Kommunikation und in lebendigen Sprechsituationen:

- Jedes Kind bekommt seine Zeit zum Sprechen, jedem wird aufmerksam zugehört (so muss es nicht erst laut werden, um gehört zu werden).
- Gespräche in kleinen Gruppen
- Gemeinsames Anschauen von Bildern, bei denen die Kinder angeregt werden, von sich zu erzählen; z. B. „Die ganze Welt“ von Couprie und Louchar.
- Kinder lieben Vorlesebücher, bei denen sie die Bedeutung der Schrift erleben können.

[6] Claudia Schäfer: Kleinkinder fördern mit Maria Montessori, Herder Verlag, Freiburg, 2006

Spiele zur Förderung des Sprachvermögens

Sprachkompetenz ist an die Entwicklung vieler Fähigkeiten, die ein günstiges Umfeld und viel Unterstützung voraussetzen, geknüpft.

In vielen Kulturen gibt es Kinderlieder, Reime und Bewegungsspiele, die in den Familien weitergegeben werden. Diese ermöglichen es dem jungen Kind, freudvoll und in Beziehung seine Sprachkompetenz zu erwerben und auszubauen. Nachdem die Familien immer kleiner werden, ältere Geschwister, Oma und Opa oft fehlen, bleibt diese Aufgabe verstärkt in der Verantwortung des Kinderhauses. Aus dem reichen Schatz werden hier einige Anregungen gegeben, insbesondere verweisen wir auf das Buch von Claudia Schäfer.[6]

Mit Hilfe der im folgenden vorgestellten Spiele werden die Beweglichkeit des Gaumens und der Zunge, der Lippen und der Bäckchen gestärkt sowie die Stimmbänder geübt. Die Stimm- und Sprachentwicklung ist ein Prozess, der je nach Notwendigkeit individuell auf Kinder mit besonderem Bedarf abgestimmt werden kann.

Tierstimmen nachahmen

Das Nachahmen von Tierstimmen bereitet den allermeisten Kindern große Freude. Sehr gerne machen sie Tiere, die sie kennen (Haustiere, Bauernhof, Zootiere), in Bewegung und Lauten nach.

Pustespiel

Die Lehrkraft sitzt mit den Kindern um einen nicht zu großen Tisch und legt einen Wattebausch oder einen anderen leichten Gegenstand vor sich hin. Sie zeigt, wie sie mit geschlossenem Mund hörbar Luft holt, die Lippen spitzt, um den Gegenstand möglichst weit weg über den Tisch zu pusten. Die Kinder versuchen, dies durch eigenes Pusten zu verhindern und ihn ebenfalls möglichst weit über den Tisch zu pusten, damit er herunterfällt.

Phonetische Reime

Zum Zischlaut „Sch“:

Sch – Sch – Sch – die Eisenbahn,

Sch – Sch – Sch – da kommt sie an.

Fährt nach hier, fährt nach dort.

Sch – Sch – Sch – schon ist sie fort.

Zu „schwierigen“ Lauten und Zungenbrechern

Auf dem Türmchen
sitzt ein Würmchen,
trägt ein Schirmchen
unterm Ärmchen.
Kommt ein Stürmchen,
wirft das Würmchen
mit dem Schirmchen
unterm Ärmchen
von dem Türmchen.

Es klapperten die Klapperschlangen,
bis die Klappern schlapper klangen.

Fischers Fritz fischt frische Fische,
frische Fische fischt Fischers Fritz.

Die Katze tritt die Treppe krumm.

Susi, sag mal saure Sahne.

Eigene Reime finden

Die Katz macht ’nen Satz.
Im Haus ist ’ne Maus.
Auf der Straße läuft ein Hase.

Abzählreime

Ich und du,
Müllers Kuh,
und der Esel, der bist du!

Ene, mene, miste,
es rappelt in der Kiste.
Ene, mene muh
und raus bist du!

Silbenklatschen

Die Kinder stehen im Kreis. Ein Kind sagt seinen Namen. Dann wiederholen alle deutlich und rhythmisch diesen Namen und klatschen bei jeder Silbe dabei in die Hände. Oder man wählt längere und schwierigere Wörter und kleine Sätze, z. B.

„Kar – tof – fel – sa – lat“ oder

„Je – den Mor – gen ge – he ich ger – ne in den Kin – der – gar – ten.“

Die Silben können auch von einem Trommelschlag oder mit einem Schritt begleitet werden.

Spiele zur Wortschatzbereicherung

Je stärker die Wörter und Sätze mit Emotionen verbunden sind, umso intensiver werden diese aufgenommen und verinnerlicht, denn „Emotionen" bewegen den ganzen Menschen. Das geschieht im täglichen Miteinander, im Sitzkreis, in dem Ereignisse und Kümmernisse gemeinsam gewürdigt werden, beim Erzählen von Märchen und Geschichten, beim Sprechen von Reimen oder beim Singen. In allen Kulturkreisen findet die Übermittlung und Einübung der Sprache auch mit spielerischen Bewegungen statt. Spiel könnte hier als hingebungsvolle Arbeit mit lustvollem Erleben bezeichnet werden. Kein Wunder, dass Kinder nicht müde werden, die für ihre Entwicklung anstehenden Spiele immer und immer wieder allein oder mit anderen zu wiederholen. Maria Montessori beschreibt ihre Erfahrungen folgendermaßen: „Betrachtet man aufmerksam ein Kind, ergibt sich evident, dass sich sein Verstand mithilfe der Bewegung entwickelt ... die Bewegung unterstützt die psychische Entwicklung, und diese Entwicklung findet ihrerseits Ausdruck in weiteren Bewegungen und Handlungen. Es handelt sich also um einen Zyklus, da Psyche und Bewegung der gleichen Einheit angehören. Es kommen auch die Sinne zur Hilfe, denn wenn das Kind keine Gelegenheit zu sensorischer Tätigkeit hat, findet eine geringere Entwicklung des Verstandes statt ... das Kind, das sich der eigenen Hände bedient hat, hat einen stärkeren Charakter."[7]

---

[7] Maria Montessori: Das kreative Kind, Herder Verlag, Freiburg Seite 129 und 137

Rollenspiele

Die Kinder schlüpfen in Rollen, die sie sich erträumen, aus Erzählungen oder aus Situationen, die sie selbst erlebt haben. Manchmal macht es Spaß, sich dabei zu verkleiden.

Fingerspiele

Die meisten Kinder haben großen Spaß an Fingerspielen, vor allem wenn sie von Reimen begleitet werden. Sie fördern die Entwicklung des Körper- und Sprachgefühls.

Die Lehrkraft sagt den Reim vor und tippt dabei den jeweiligen Finger des Kindes an, bewegt ihn und am Schluss wird die ganze Hand umfasst. Im größeren Kreis nimmt sie ihre eigenen Finger und die Kinder machen die Bewegungen nach:

Das ist der Daumen,
der schüttelt die Pflaumen,
der hebt sie auf,
der trägt sie nach Haus,
und der kleine, der isst sie alle auf.

Kinne Wippchen
Rot Lippchen
Nas Zippchen
Augenbranchen
Zipp, Zipp, Zipp mein Hahnchen.
(Aus Ostpreußen)

Zehn kleine Zappelmänner
zappeln hin und her.
Zehn kleine Zappelmännern
fällt das gar nicht schwer.
Zehn kleine Zappelmänner
zappeln auf und nieder.
Zehn kleine Zappelmänner
tun das immer wieder.
Zehn kleine Zappelmänner
zappeln rund herum.
Zehn kleine Zappelmänner
finden das nicht dumm.
Zehn kleine Zappelmänner
spielen mal Versteck.
Zehn kleine Zappelmänner
sind auf einmal weg.

Ratespiele

Ich sehe was, was du nicht siehst

Die Lehrkraft sucht sich im Raum einen farbigen Gegenstand und fragt im Kreis der Kinder: „Ich sehe was, was du nicht siehst, und das ist blau.“ Die Kinder raten, was wohl gemeint ist. Der erste, der es erraten hat, gibt ein neues Rätsel auf.

Geheimnisvoller Beutel

In einem Stoffbeutel sind einige kleine Gegenstände, z. B. ein kleiner Schlüssel, eine Murmel, eine Kastanie, ein Würfel, ein Stein …

Die Kinder sitzen im Kreis, und die Lehrkraft legt nacheinander alle Gegenstände in die Mitte. Jeder Gegenstand wird von den Kindern betastet und von der Lehrkraft benannt. Danach lassen sie wieder alle Gegenstände im Stoffbeutel verschwinden. Die Lehrkraft nimmt den Stoffbeutel in eine Hand und mit der anderen Hand greift sie hinein und lässt sich Zeit, zu fühlen, ohne etwas zu sagen oder herauszunehmen. Dann reicht sie den Stoffbeutel an das neben ihr sitzende Kind weiter. Dieses gibt den Stoffbeutel einem anderen Kind neben sich weiter, sobald es mit dem Tasten fertig ist.

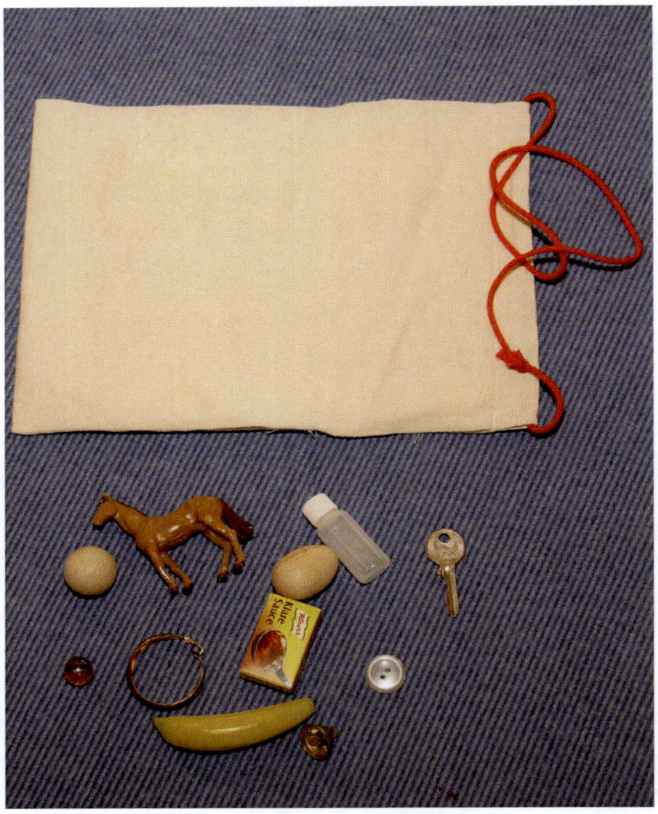

In einer nächsten Runde können die Kinder einen bestimmten Gegenstand ertasten und ihn benennen. Das Kind holt ihn schließlich heraus und prüft, ob es ihn erkannt hat. Wenn ja, legt es ihn beiseite und reicht den Stoffbeutel an das nächste Kind weiter, solange bis alle Gegenstände erkannt und richtig benannt sind.

Schwieriger wird es für die Kinder, wenn in dem Stoffbeutel Gegenstände sind, die sie zuvor nicht gesehen haben. Durch das reine Ertasten erkennen sie die Gegenstände und benennen sie. Wichtig ist dabei, dass es Gegenstände sind, die die Kinder kennen.

Lieder und Tanzspiele

Sprachkompetenz hat viel mit Rhythmus und Musik zu tun. Beim gemeinsamen Singen und Tanzen werden mit großem Vergnügen auch die Konzentration und die Merkfähigkeit geübt. Lieder und Tänze haben eine ordnende und integrierende Wirkung.[8]

Butzemann

Es tanzt ein Bi-Ba-Butzemann
in unserem Kreis herum.
Er rüttelt sich,
er schüttelt sich,
er wirft sein Säcklein hinter sich.
Es tanzt ein Bi-Ba-Butzemann
in unserem Kreis herum.

Drei Chinesen

Drei Chinesen mit dem Kontrabass,
saßen auf der Straße und erzählten sich was.
Da kam die Polizei und sagt, was ist denn das?
Drei Chinesen mit dem Kontrabass!

Variationen:
Dri Chinisin mit dim Kintribiss …
Dro Chonoson mot dom Kontroboss …
Dru Chunusun mut dum Kuntrubuss …

Backe backe Kuchen

Backe backe Kuchen
der Bäcker hat gerufen.
Wer will guten Kuchen backen,
der muss haben sieben Sachen:
Eier und Schmalz,
Zucker und Salz,
Milch und Mehl,
Safran macht den Kuchen gehl.

[8] Zahlreiche weitere Anregungen finden sich in folgenden Büchern: Rotraud S. Berner „Dunkel war's, der Mond schien helle. Verse, Reime und Gedichte" Hildesheim 1999 und Leonhard Blumenstock „Spielerische Wege zur Schriftsprache im Kindergarten" Weinheim 2006.

Schreiben lernen

Schreiben als Weg zur Sprache

Maria Montessori erkannte bereits zu Beginn ihrer pädagogischen Arbeit um 1900, dass die übliche Mühe des Schreibenlernens durch die Herangehensweise der Erwachsenen verursacht wird. Sie entdeckte, dass es Kindern ein großes Vergnügen bereitet, sich mit den Buchstaben zu befassen, dass es lediglich auf den richtigen Zeitpunkt ankomme. Sie bemerkte, dass das Schreiben- und Lesenlernen nicht erst mit dem Schuleintritt beginnt. Bereits im Alter von zwei bis drei Jahren beobachtet das Kind, dass für die Erwachsenen das Schreiben von großer Bedeutung ist. Es versucht, dies nachzuahmen, indem es auf Papier kritzelt und dies dann vorliest. Bald danach entdeckt das Kind, dass es nicht genügt, einfach zu „kritzeln", sondern das es sich wohl um bestimmte aneinander zu reihende Zeichen handelt, die geschrieben und gelesen werden können.

Um diese Zeichen kennenzulernen werden dem Kind die Fühlbuchstaben zur Verfügung gestellt. Es macht besonders den kleinen Kindern viel Freude, einen Laut zu hören und dazu ein rätselhaftes Zeichen zu sehen und zu ertasten.

Das Schreiben geht dem Lesen voraus, da die eigenen Gedanken dem Kind bereits bekannt sind. Das Schreiben fängt nicht erst mit dem wirklichen Schreiben an. Jeder Schritt baut auf einem in der Entwicklung vorausgegangenen Schritt auf.

„Sicher ist, dass fast alle Kinder das Bedürfnis haben, sich in Bildern zu äußern, und mit Bildern auf die Innenwelt reagieren. Die Ausformung der Bildersprache entspricht ihrem Entwicklungsstand … Der entscheidende Anfang in der Entwicklung einer eigenen Formsprache ist der Versuch, an den Ausgangspunkt seiner Bewegungsspur zurückzukehren und die Form zu schließen. Dies ist ein Vorgang, der allerhöchste Konzentration erfordert.

Dabei entsteht die mehr oder weniger verbeulte Form eines Kreises, der „Urkreis". Ebenso konsequent bündeln sich allmählich die Kritzeleien während des Zickzackkritzelns … Das „Urkreuz" ist entstanden. Mit diesen beiden Zeichen kann das Kind … schon bald seine Geschichten erzählen. Das Kind zeichnet ja nicht, was es sieht, sondern, was es weiß und empfindet …"[9]

[9] Rudolf Seitz: Kreative Kinder. Das Praxisbuch für Eltern und Pädagogen. Kösel Verlag, München 2009

Das Hinführen zum Schreiben

Es gibt eine indirekte Vorbereitung auf das Schreiben. Das Schreiben schließt eine manuelle und eine geistige Tätigkeit ein, die unabhängig voneinander vorbereitet werden.

Maria Montessori schulte die manuelle Tätigkeit indirekt durch sogenannte „Übungen des praktischen Lebens", die dem Kind helfen, die grundlegende Konzentration und die Fähigkeit zu erreichen, eine Aufgabe von Anfang bis Ende auszuführen. Die „sensorischen Materialien" bereiten die Hand auf Kontrolle und exakte Bewegung vor.[10]

Welche Grundfähigkeiten braucht ein Kind zum Schreiben lernen?

Zum einen braucht es manuelle Fähigkeiten. Maria Montessori beschreibt dies folgendermaßen:

„Die drei das Gerät haltenden Finger: Im Alter von drei Jahren stellen die Kinder die kleinen Zylinder der Einsatzblöcke um, indem sie mit drei Fingern den Greifknopf halten, dessen Dimensionen in etwa denen eines Federhalters entsprechen. Die drei Finger wiederholen unzählige Male diese Übung, welche die zum Schreiben prädestinierten motorischen Organe koordiniert.

[10] Beide Aspekte wurden bereits von uns im Band 1 „Übungen des praktischen Lebens und Sinnesschulung" vorgestellt.

Die leichte Hand: Hier haben wir den Dreieinhalbjährigen, der, seine Finger in lauwarmes Wasser getaucht, die Augen verbunden hat und seine ganze Energie auf eine einzige Anstrengung richtet, nämlich „die Hand angehoben und leicht zu halten", damit die Finger gerade noch die Oberfläche der glatten und der rauhen Fläche „streifen". Und diese Anstrengung, die Hand anzuheben und leichter zu machen, ist verbunden mit der Schärfung der „Tastempfindlichkeit" der Finger, die eines Tages schreiben sollen. So wird während des Wachstums das kostbarste Instrument des menschlichen Willens verfeinert.

Die feste Hand: Etwas liegt zeitlich vor der Geschicklichkeit des Zeichnens, nämlich die Möglichkeit, die Hand auf ganz bestimmte Weise zu bewegen, sie genau zu lenken. Diese Geschicklichkeit ist ein der Hand eigenes Merkmal, weil sie mit der vorhandenen oder fehlenden Möglichkeit zusammenhängt, die Bewegungen zu koordinieren.

Nun haben wir die Übung mit den Einsatzformen, die darin besteht, ganz genau die Umrisse der verschiedenen geometrischen Figuren und ihrer Rahmen zu betasten, wobei sie einer reliefartigen Erhöhung aus Holz folgen, die der geübten Hand hilft, sich innerhalb der festgelegten Grenzen zu bewegen. Inzwischen gewöhnt sich das Auge daran, die von der Hand berührten Formen zu sehen und wiederzuerkennen.

Diese so weit zurückgreifende und so indirekte Vorbereitung ist eine Schulung der Hand zum Schreiben, ist keine Vorbereitung des eigentlichen Schreibens; beides darf nicht miteinander verwechselt werden."[11]

Zum anderen braucht es geistige Fähigkeiten:

Das Kind braucht einen reichhaltigen Wortschatz, um seine Gedanken in Worte zu fassen. Bevor es etwas schreibt, braucht es einen geordneten Geist und folgerichtiges Denken. Das Kind braucht die Fähigkeit, genau zu artikulieren und die Laute in einem Wort zu analysieren und wieder zusammenzusetzen (Lautanalyse und Lautsynthese). Andererseits stimmen Aussprache und Schreibweise oft nicht überein, sodass die Fähigkeit, Worte rein visuell einzuprägen, ebenfalls entwickelt sein muss. Kinder mit visuellen Lernstrategien haben es später in der Rechtschreibung leichter (Nicolay)[12].

[11] Maria Montessori: Die Entdeckung des Kindes, Herder Verlag, Freiburg 1969 Seite 229–230
[12] H.D. Nicolay: Das Legasthenie-Märchen, Selbstverlag Nicolay, München

Schulung der manuellen und geistigen Fähigkeiten

Metallene Einsätze

Mit den metallenen Einsätzen, dem Umfahren der Formen, hat Maria Montessori die Freude der Kinder am Zeichnen aufgegriffen. Sie nennt es „die Kunst der Einsatzfiguren".

Auf zwei Ständern liegen zehn metallene blaue geometrische Figuren in ihren rosa Einsätzen:

- Auf einem liegen ein Quadrat, ein Dreieck, ein Rechteck, ein Fünfeck, ein Trapez.
- Auf dem anderen liegen ein Kreis, eine Ellipse, ein Oval, ein gebogenes Dreieck, eine Kreuzblume.

Jeder blaue Einsatz bildet zusammen mit dem zugehörigen rosa Rahmen immer ein rosa Quadrat. Jede Figur hat in der Mitte einen Knopf zum Halten.

Die Lehrkraft holt gemeinsam mit dem Kind die beiden Ständer von einem dazugehörigen Regal auf einen ausgerollten Teppich oder zu einem Tisch.

Zusätzlich wird eine zu den Einsätzen passende Linoleumunterlage, quadratisches Papier in einem Holzkästchen, Buntstifte und ein Stifthalter auf einem Tablett geholt.

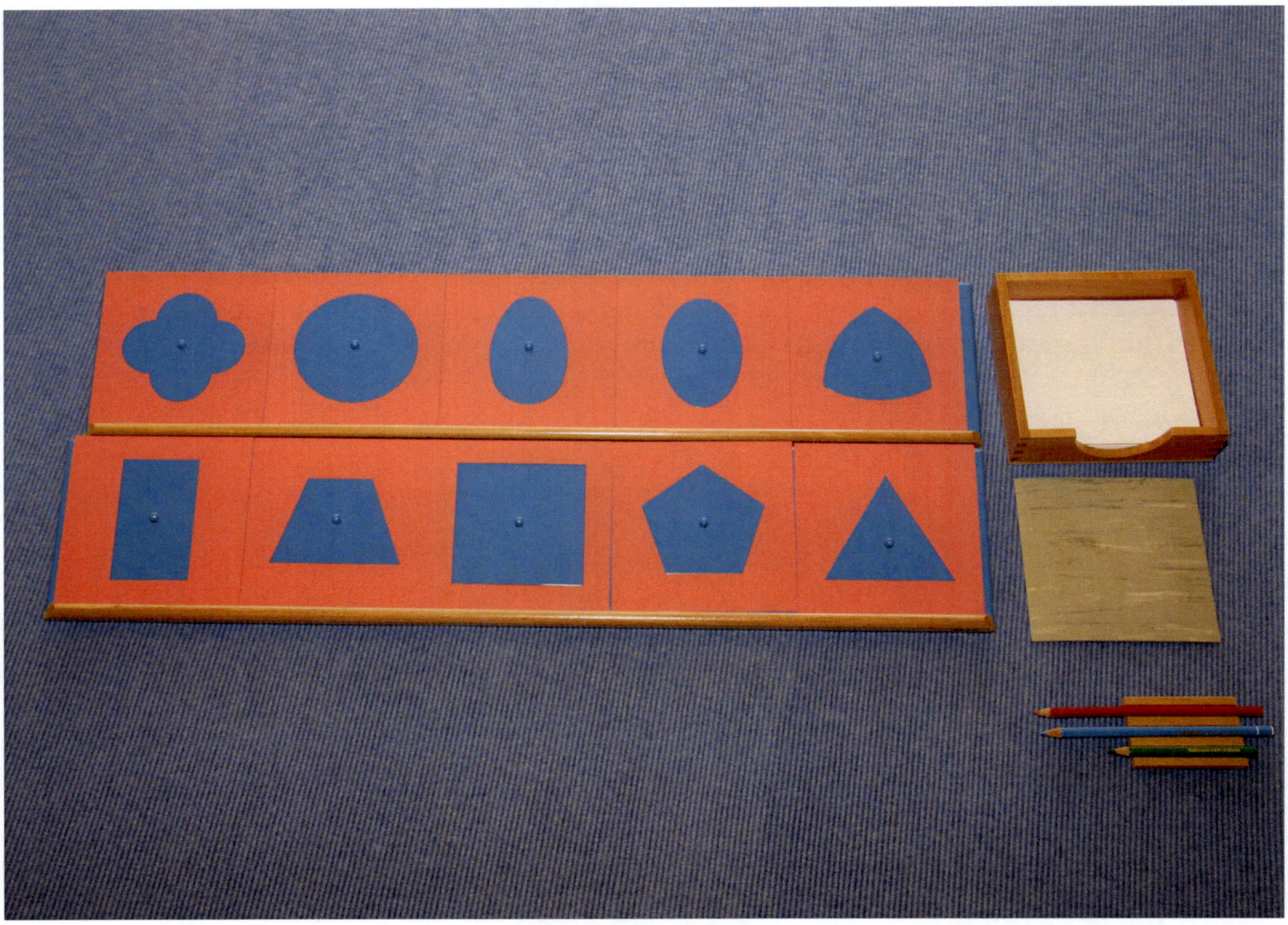

Die Lehrkraft legt ein Blatt auf die Unterlage, darauf den rosa Metallrahmen des Quadrats – ohne den Einsatz – und zieht mit einem Farbstift am inneren Rand des Rahmens eine Linie von links unten beginnend rundherum. Um die Bewegung frei aus dem Arm heraus zu machen, soll der Schreibarm bei der Strichführung nicht auf dem Tisch aufliegen.

Sie hebt den Metallrahmen ab und legt ihn zurück. Das gezeichnete Quadrat wird sichtbar.

Sie fasst den blauen Einsatz am Knopf und legt ihn, so genau wie möglich, auf die gezeichnete Figur.

Sie umfährt ihn wieder von links unten beginnend mit einem andersfarbigen Stift.

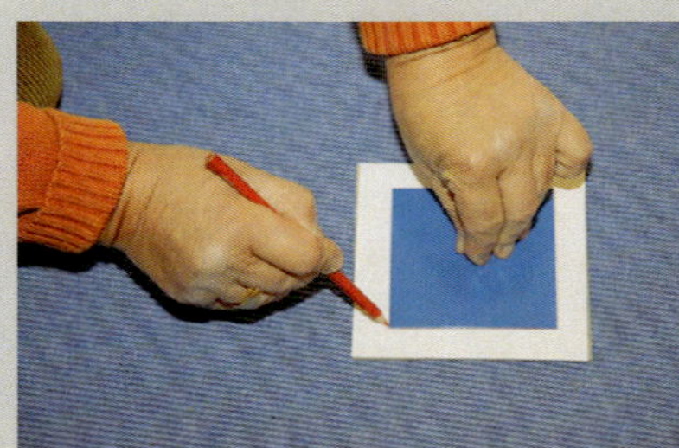

Nach Abheben der Figur sind zwei geringfügig unterschiedlich groß gezeichnete Quadrate sichtbar.

Mit einem weiteren Buntstift werden wieder von links unten beginnend entweder Zickzacklinien – in Schreibrichtung – gezogen oder im Hinblick auf die Druckschrift und je nach Können der Kinder erst senkrechte Linien und dann auch waagrechte Linien gezogen.

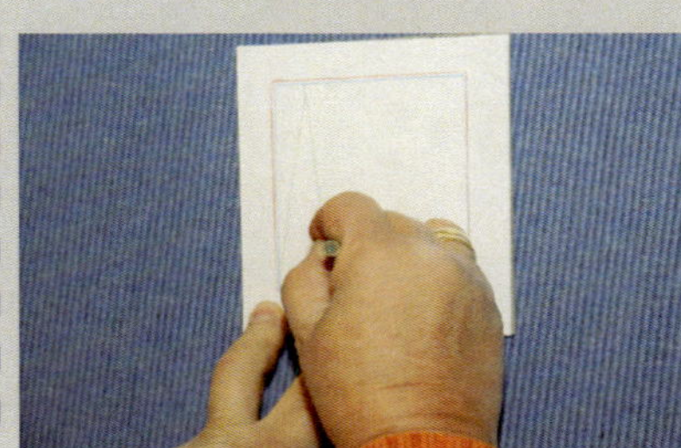

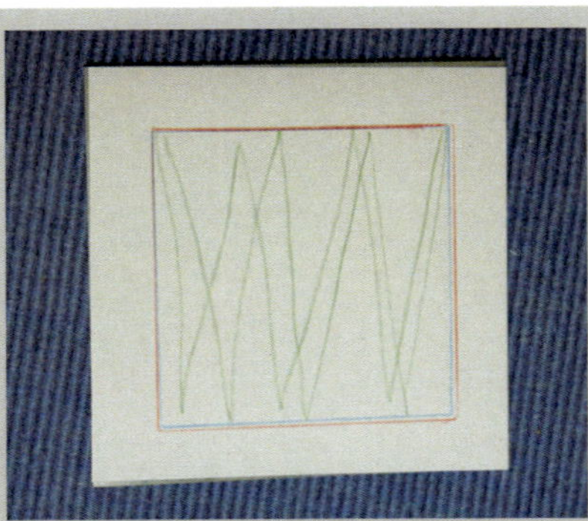

So entsteht ein Quadrat mit freihändig gezogenen Zickzacklinien.

Eine andere Variante ist, dass verschiedene Figuren nacheinander aufgelegt, nachgefahren und ausgefüllt werden. Es können auch mehrere Figurenzeichnungen kombiniert werden.

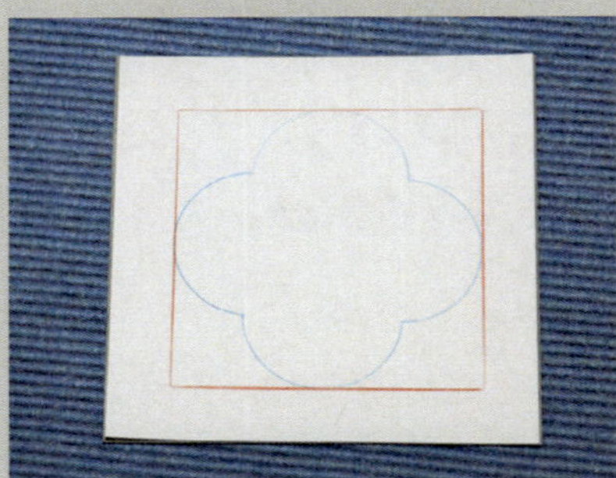

Je nach Fähigkeit kann die gleiche Figur neu aufgesetzt werden. Damit entsteht eine Art Mandala, das beim Ausmalen bereits eine hohe Auge-Hand-Koordination des Kindes verlangt.

Zum dekorativen Gestalten der Figuren kann das Kind auch Filzstifte, Wachsmalkreiden oder Wasserfarben mit Pinsel benutzen. Auch können die Figuren auf buntes Papier gezeichnet, ausgeschnitten und aufgeklebt werden.

Sandwanne

„Beim Spielen mit Sand ist das Kind bzw. der ganze Mensch in seinem Gestalten geistig-seelisch-körperlich beteiligt. Es tritt ein Zustand ein, der sich durch große Konzentration, Hingabe, Zufriedenheit, Experimentierfreude und Gelöstheit auszeichnet. Kräfte, die im geistig-seelischen Ursprung liegen, werden aktiviert, mit den Händen körperlich ins Gestalten umgesetzt. Pestalozzi sprach von Erziehung als einem Prozess, der Kopf, Herz und Hand betreffen soll.“[13]

Kindersand[14]

Das Schönste für Kinder ist Sand.

Ihn gibts immer reichlich.

Er rinnt unvergleichlich

zärtlich durch die Hand.

(Joachim Ringelnatz)

Die Sandwanne, entwickelt von Marielle Seitz, besteht aus einem Holzrahmen mit einem Boden aus Sicherheitsglas. Sie hat eine begrenzte Fläche von ca. 50 x 70 cm, die dick mit feinkörnigem Quarzsand bestreut wird.
Unter die Sandwanne können je nach Bedarf Regenbogenpapiere, Glitzerfolien bzw. verschiedenfarbige Tonpapiere – in Komplementärfarben zu Symmetrieübungen – gelegt werden. Zum Glätten des Sandes benutzt man einen Holzschieber, zum Gestalten von Mustern verschiedene Holzrechen.

Dazu gibt es gibt Tastplatten mit Grundformen und mit Alphabet, einen Sandmalstift, Sandwannenstifte und einen Spiegel auf der Symmetrieachse. Möglicherweise kann ein großes farbiges Tuch unter der Sandwanne auf dem Boden ausgelegt werden, um den Sand am Ende des Tages auszuschütteln.

[13] Marielle Seitz: Schreib es in den Sand, Dusyma, Schorndorf 2010

[14] Joachim Ringelnatz: Das Gesamtwerk in sieben Bänden, Hg. von Walter Pape. Berlin 1984, Band 2, S. 17.

Die Sandwanne steht auf einem Tisch, das Kind steht davor. Es kann jederzeit allein oder mit anderen Kindern frei experimentieren, mit den Fingern, Stiften, Rechen oder Igelbällen im Sand spielen und Formen spuren, einhändig oder beidhändig.

Zwischendurch wird immer wieder der Sand mit dem Holzschieber geglättet.

Der Übergang vom Freispiel im großen Raum auf die kleine rechteckige Sandwanne gibt den Kindern durch die Begrenzung der Ränder Sicherheit und Halt. Über die Erfahrungen mit Sand stimulieren die Kinder ihre Wahrnehmung durch den taktilen Reiz, der auf die Fingerkuppen ausgeübt wird, ebenso durch die Motorik des Arms und der Hand sowie durch den Sehsinn. Durch das ganzheitliche Tun beider Hände werden die beiden Gehirnhälften angeregt, um das Gleichgewicht zwischen linker und rechter Seite zu stützen.

Wir konnten immer wieder beobachten, dass Kinder sofort mit der Sandwanne spielen, dass sie kreativ und lockerer werden.

„Ich habe Freude, die Bewegungen meines Körpers im Sand zu sehen."

„Ich kann mir selber dabei zuschauen und freue mich über das Spiel mit dem rieselnden Sand, der nach seinen eigenen Regeln mitspielt."

„Mein Tun ist, durch die glättende, fließende Struktur des Sandes schön, seine sanften Farben in Kontrast zu den Möglichkeiten der verschiedenen bunten Unterlagen."

„Ich habe Zeit, der Sand hilft mir langsamer zu werden."

„Ich sehe den Abdruck meiner Finger oder der Werkzeuge im Sand."

„Alles was ich tue, ist nicht endgültig, nicht schwarz auf weiß."

Übung mit Tastplatten

Die Lehrperson holt die Tastplatten zur Sandwanne und glättet den Sand.

Die Lehrkraft zeigt dem Kind eine Tastplatte und zeichnet darauf die Figur mit den Schreibfingern nach. Anschließend spurt sie diese Form in die Sandwanne.

Das Kind erfühlt seinerseits die Form, indem es die Figur ebenfalls mit den Schreibfingern nachfährt und sie dann in den Sand spurt.

Das Kind wiederholt dann diese Übung mit den verschiedenen Tastplatten.

Symmetrieübung mit Spiegel

Die Lehrperson holt einen Spiegel und Tonpapiere (Komplementärfarben z. B. Rot-Grün). Sie legt die Papiere unter jeweils eine Hälfte und setzt den Spiegel als Symmetrieachse senkrecht in die Mitte der Sandwanne.

Die Lehrkraft zeichnet auf einer Seite des Spiegels eine Form und zusammen betrachten sie, wie der Spiegel diese Form symmetrisch verdoppelt. Nach Wegnahme des Spiegels ergänzt sie auf der anderen Seite die fehlende Zeichnung.

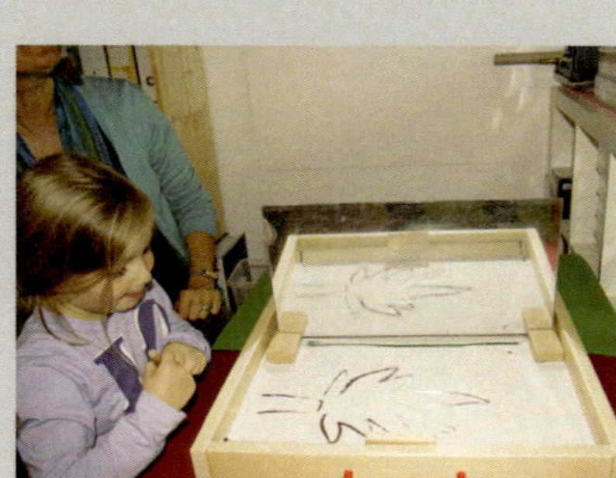

Phantasiegeschichte mit Schwungübungen

Die Lehrkraft holt eine Schachtel mit Edelsteinen und einem Stift zur Sandwanne und glättet den Sand.

Sie erzählt die Geschichte von Zwerg Meljuk, der seine Steine in einer Linie auslegt, und dem Riesen, der sie ihm wegnehmen will.

Die gute Fee bringt ihm einen Zauberstab, mit dem er die Edelsteine durch verschiedene Formen (Girlanden oder Arkaden) umfährt und so vor dem Riesen versteckt.[15]

In dem Buch von Cornelia Fabricius finden sich noch weitere schöne Geschichten.

[15] Aus Cornelia Fabricius: Mit Kindern Formen zeichnen. Oratio Verlag, Schaffhausen 2005

Sandpapierbuchstaben

Die Buchstaben sind aus Sandpapier ausgeschnitten und auf Holz aufgeklebt. Für die Konsonanten ist der Hintergrund rosa und für die Vokale – die Musikanten – blau. Es gibt sie in Klein- und Großbuchstaben, in Druckschrift und vereinfachter Ausgangsschrift. Sie stehen in Holzkästen sortiert.

Die Lehrkraft holt gemeinsam mit dem Kind die Kästen mit den Buchstaben zu einem Tisch oder einem ausgerollten Teppich.

Die Lehrkraft wählt mindestens vier – in Laut und Form – kontrastierende Buchstaben und legt sie auf den Teppich, z. B. „r", „o", „s", „e".

Oft wollen die Kinder zu den von der Lehrkraft gewählten Buchstaben die ihnen bereits bekannten Buchstaben ihres Vornamens dazunehmen.

Die Lehrkraft nimmt einen Buchstaben, das „e". Mit Zeige- und Mittelfinger spurt sie das „e" und bildet den Laut dazu.

Sie gibt dem Kind den Buchstaben und sagt zu ihm: „Schreib ein „e"."

Mit den weiteren Buchstaben verfährt sie auf die gleiche Weise.

In der zweiten Stufe benennt die Lehrkraft einen Buchstaben und gibt Aufträge wie:

„Lege bitte das „s" auf die Fensterbank, das „r" auf den Tisch und das „e" auf den Teppich."

In der dritten Stufe zeigt die Lehrkraft auf einen Buchstaben und fragt: „Wie heißt der Buchstabe?“ Das Kind benennt den Buchstaben.

Das Prinzip der Dreistufenlektion ist in unserem ersten Band auf Seite 48 bereits genau beschrieben.[16]

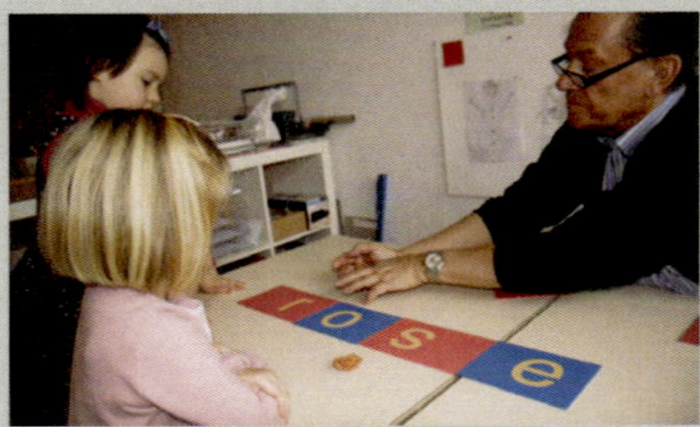

Die Lehrkraft legt noch einmal die vier in der Dreistufenlektion eingeführten Buchstaben so auf den Teppich, dass sich daraus ein Wort ergibt: r o s e.

Sie fährt die Buchstaben schnellst möglich nach und das Kind benennt sie. Sie macht es so lange, bis das Kind erkennt, dass es sich hierbei bereits um ein Wort handelt.

Je nach Interesse des Kindes kann auch gleich das bewegliche Alphabet den Sandpapierbuchstaben zugeordnet werden.

[16] Claus-Dieter Kaul, Christiane Wagner: Montessori konkret. Band 1. Übungen des praktischen Lebens und Sinnesschulung, Brigg Verlag KG, Friedberg 2017

Nun wechselt die Lehrkraft den Anfangsbuchstaben durch andere dem Kind bereits bekannte Buchstaben aus wie „h“ und „d“.

Das Kind benennt auch diese Buchstabenfolgen und erfährt, dass mit gleichen Buchstaben viele Wörter gebildet werden können, z. B. rose, hose, dose.

Dazu schreibt Maria Montessori: „Die Neugier und das Interesse des Kindes, neue Worte zu bilden hat Vorrang. Der Wille des Kindes ist als Mittel viel wirksamer als jede Überlegung über die zu wählende Reihenfolge. Es empfindet offensichtlich Vergnügen dabei, die Laute der Konsonanten auszusprechen. Für das Kind ist die Serie so verschiedenartiger und bekannter Laute, die beim Vorzeigen des rätselhaften Zeichens, wie es der Buchstabe ist, entstehen, ganz neu. Darin liegt etwas Geheimnisvolles, das unsägliches Interesse erzeugt.“

Hierzu ein Erlebnis von Maria Montessori: „Eines Tages war ich auf der Terrasse, während die Kinder zwanglos spielten. Neben mir stand ein zweieinhalbjähriger Junge, den seine Mutter einen Augenblick allein gelassen hatte. Auf einigen Stühlen hatte ich komplette gemischte Alphabete verteilt, die ich in die zugehörigen Kästen legte. Nach Beendigung der Arbeit stellte ich die Kästen auf kleine Stühle. Der Kleine schaute zu, kam näher und nahm einen Buchstaben in die Hand. In diesem Augenblick rannten die Kinder im Gänsemarsch herum. Als sie den Buchstaben sahen, gaben sie den entsprechenden Laut von sich und liefen vorbei. Der Kleine achtete nicht darauf. Er legte das f aus der Hand und nahm ein r. Die laufenden Kinder, die ihm lachend zusahen, begannen ihm zu zurufen: rrr! rrr!

Langsam begriff der Kleine, dass jeder Buchstabe, den er in die Hand nahm, einem anderen Laut entsprach. Dies machte ihm solches Vergnügen, dass ich ganz bewusst beobachten wollte, wie lange er dieses Spiel durchhalten würde, ohne zu ermüden; es dauerte eine volle Dreiviertelstunde! Die Kinder hatten an dem Spiel Interesse gefunden, sie blieben grüppchenweise stehen, sprachen im Chor die Laute nach und lachten über die Verwunderung des Kleinen. Er, der mehrfach das f genommen, hochgehoben und dabei von seinem Publikum den gleichen Laut gehört hatte, nahm es schließlich noch einmal auf und sagte selbst: f f f. Er hatte diesen Laut in dem großen Durcheinander der gehörten Laute gelernt – der lange Buchstabe, der die im Gänsemarsch laufenden Kinder zum Lachen brachte, hatte ihn beeindruckt.“[17]

Als ergänzende Möglichkeit nimmt sich das Kind die zuvor beschriebene Sandwanne hinzu. Es spurt die zuvor erfühlten Buchstaben mit leichter Hand mit Zeige- und Mittelfinger in den Sand und erfährt dabei den fließenden Ablauf der Schreibführung.

Natürlich kann das Kind die erfühlten Buchstaben anschließend auch mit Wachsmalstiften auf Tapete malen oder mit Kreiden an die Wandtafel.

„Mit dieser Methode wurde außerdem der Leseunterricht mit dem Schreibunterricht gleichzeitig begonnen. Wird dem Kind ein Buchstabe vorgelegt und dabei gleichzeitig sein Laut ausgesprochen, fixiert es dessen Bild mit dem Visuellen sowie mit dem Tast-Muskelsinn und verknüpft im wesentlichen den Laut mit dem entsprechenden Zeichen, nimmt also Kenntnis von der Schriftsprache. Doch wenn es sieht und erkennt, dann liest es, und wenn es berührt, dann schreibt es. Das Kind beginnt also seine Erkenntnis mit zwei Handlungen, die sich in der Folge bei ihrer Weiterentwicklung trennen, um die beiden verschiedenartigen Vorgänge des Lesens und Schreibens zu bilden … Es soll uns nicht kümmern, ob das Kind zuerst lesen oder schreiben lernt, und welcher Weg ihm leichter fällt. Wichtig ist, dass mit dieser entwickelten Methode die freie Entwicklung der Persönlichkeit gegeben ist.“[18]

[17] Maria Montessori: Die Entdeckung des Kindes, Herder Verlag, Freiburg 1969, Seite 237–238
[18] Maria Montessori: Die Entdeckung des Kindes, Herder Verlag, Freiburg 1969, S. 239–270

Formelemente

Die Formelemente bestehen aus fünf verschiedenen Holzelementen in gleicher Breite, aus denen sich Buchstaben zusammensetzen lassen. Sinnvoll ist es, deren Größe an die Sandpapierbuchstaben anzugleichen. Diese Teile werden mehrfach benötigt. Die Formelemente sind zweckmäßigerweise aus Sperrholz und werden in einer Schachtel aufbewahrt, damit sie nicht durchbrechen.

Die Elemente können selbstverständlich auch aus anderen Materialien ausgeschnitten werden.[19]

Gemeinsam mit dem Kind holt die Lehrkraft die Sandpapierbuchstaben und die Formelemente an den Tisch oder auf den Teppich und legt einzelne Buchstabenplatten aus. Sie fordert das Kind auf, einen Buchstaben mit den Formelementen möglichst genau zu bedecken.

Die nächste Schwierigkeitsstufe besteht darin, den Buchstaben anschließend aus dem Gedächtnis neben der Buchstabenplatte oder rein aus dem Gedächtnis zusammenzusetzen.

[19] Diese Elemente gibt es im Handel auch in Form von Stempeln. ABC-Stempel und mehr aus 5 Elementen: Verlag für Pädagogische Medien, Unnastr. 9, 20253 Hamburg

Kneten von Buchstaben

Buchstaben aus Knetmasse zu gestalten, ist ein intensiver Prozess. Beim Vorbereiten werden die Hände bereits aufgeweckt und Feinmotorik und kinestetischer Sinn geschult. Das visuelle Gedächtnis bzw. die Vorstellungskraft von Länge und Lage werden beim Herstellen einzelner Buchstaben aus Knetmasse intensiv gefördert. Mit jedem Buchstaben kann sich das Kind ausgiebig beschäftigen, kann ihn plastisch wahrnehmen und ihn immer wieder mit dem flächigen Alphabet vergleichen.

Gemeinsam mit dem Kind holt die Lehrkraft eine schmutzunempfindliche, glatte Arbeitsunterlage, die Knetmasse (grau), ein Plastikmesser und einen Spachtel (Teigschaber) zu einem Tisch. Dazu kommt noch ein fortlaufendes Alphabet in großen Druckbuchstaben, das oberhalb der Arbeitsunterlage als Muster ausgelegt wird.

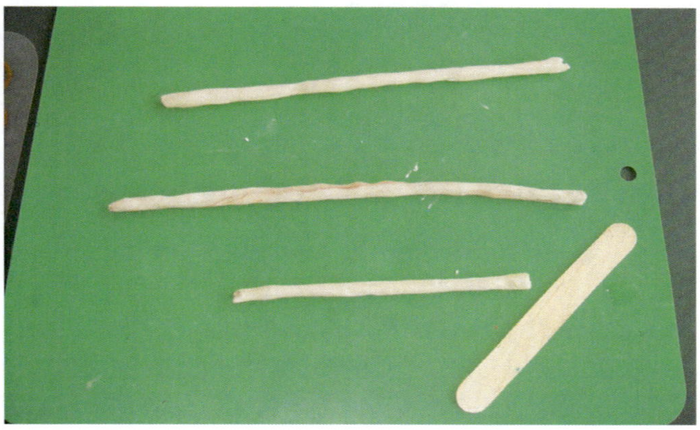

Die Lehrkraft nimmt eine Portion Knetmasse und knetet sie weich. Dann rollt sie die Masse mit den Handflächen zu einer oder mehreren gleichmäßigen Würsten aus. Sie sucht einen Buchstaben aus dem Alphabet und schneidet sich die geschätzte Länge von der Knetmassenwurst ab.

Damit formt sie den Buchstaben auf der Unterlage. Sie kann Buchstaben oder kurze Wörter gestalten.

Jetzt kann das Kind den Prozess wiederholen. Je nach Wissensstand kann das Kind auch einen Sandpapierbuchstaben erfühlen und ihn dann kneten oder sich einen Buchstaben ausdenken und ihn dann mit dem bis dahin verdeckt gehaltenen Alphabet vergleichen. Somit wird mit dieser Arbeit der Lese- mit dem Schreibprozess verbunden. Maria Montessori spricht vom embryonal verschmolzenen Lesen und Schreiben.

Jambo Kenya

Da beim Schreiben von Buchstaben die Raum-Lage-Beziehungen sehr wichtig sind, bietet sich zur indirekten Vorbereitung und Schulung dieser Fähigkeiten ein ganz besonderes Spiel aus Afrika an: Jambo Kenya.

Dieses Spiel ist eine Art plastisches Sudoku. In einem Karton sind neun Strohbettchen für je drei Elefanten, drei Zebras und drei Giraffen vorbereitet. Die einzelnen Tiere sind ganz individuell aus Holz geschnitzt und bemalt. Dazu gibt es ein Holzbrett mit neun Feldern. In dem dazugehörenden Buch werden die Tiere mit Text und wunderschönen Bildern vorgestellt. Dazu kommen verschiedene Serien mit Spielplänen. Jede Serie schult einen neuen Wahrnehmungsaspekt und steigert sich im Schwierigkeitsgrad. Im Anschluss an die Serien folgen gezeichnete Auflösungen, somit können die Kinder selbst ihre Aufstellungen der Tiere überprüfen.

Die Lehrkraft holt das Spiel an eine Tisch und packt die Grundplatte aus. Sie stellt die einzelnen Tiere vor und legt den Spielplan hinter das Spielfeld und beginnt mit der ersten Serie. Sie setzt die Tiere nacheinander auf den Spielplan und anschließend auf ihren Platz auf dem Spielfeld. Sie ergänzt anschließend mit den Kindern die fehlenden Tiere, nachdem das Prinzip erkannt wurde.

Das bewegliche Alphabet

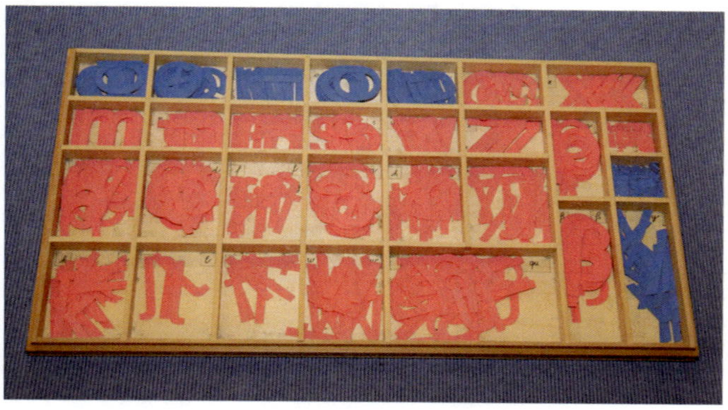

In einem flachen Holzkasten, der in Fächer eingeteilt ist, sind die Kleinbuchstaben des Alphabets – in vereinfachter Ausgangsschrift bzw. in Druckbuchstaben – und Satzzeichen einsortiert. Die Buchstaben sind aus Plastik, die Konsonanten sind rosa und die Vokale – auch Musikanten genannt, weil sie die Wörter zum Klingen bringen – sind blau. In jedes Fach klebt man einen Buchstaben, damit sich das Kind beim Zuordnen besser orientieren kann.

Gemeinsam mit dem Kind holt die Lehrkraft den Kasten auf den Teppich bzw. auf den Tisch. Sie bittet das Kind, einige Buchstaben aus dem Kasten zu nehmen und diese dann wieder an ihren richtigen Platz im Kasten zurückzulegen. So lernt das Kind den Platz der verschiedenen Buchstaben kennen.

Das Kind denkt sich ein Wort aus, lautiert es, nimmt die entsprechenden Buchstaben aus dem Kasten und legt sie nacheinander auf den Teppich. So kann es selbstständig immer weitere Wörter legen, entsprechend seinen ersten Erfahrungen mit den Sandpapierbuchstaben. Gemeinsam mit der Lehrkraft beginnt es zu reimen: „rose“, „hose“, „dose“, oder es legt Wörter, die ihm bekannt sind.

Die Kinder können so ihre reiche Fantasie bzw. ihren gesammelten Wortschatz ausdrücken. Wir geben ihnen die Symbole und sie können damit Wörter ihrer Wahl „schreiben“. Somit hat sich das Kind durch indirekte und direkte Vorbereitung alle notwendigen Fähigkeiten angeeignet. Mit Aufmerksamkeit beobachten wir das Kind und dürfen, wie Maria Montessori es nennt, die „Explosion des Schreibens“ erleben. Den tatsächlichen Zeitpunkt dazu wählt das Kind selbst.

Dieser Prozess schließt die Interpretation von Gedanken genauso ein wie den mechanischen Prozess des Herausfindens von Wörtern. Begreifen wird nicht erreicht durch Üben, sondern durch das Studium der Sprache selbst.

Eine beliebte Übung ist die Kombination von beweglichem Alphabet und einer Tafel mit Linien. Hier können die Kinder erkennen, dass es Buchstaben mit Ober- und Unterlängen gibt.

Alle Buchstaben leben im „Erdgeschoss“ zwischen den zwei Zeilen, einige davon auch zusätzlich im „Obergeschoss“, manche zusätzlich im „Keller“ und manche befinden sich in allen drei Ebenen.

Eine spannende Entdeckung ist auch das „Verzaubern“ der Buchstaben: So kann aus dem gleichen Zeichen ein „d“, wie auch ein „b“, ein „p“ und auch ein „q“ werden.

Es ist ganz wichtig, beim Schreiben keinesfalls zu verbessern oder nachzuhelfen:

Die Kinder werden ihre selbsterfundenen Wörter anfangs lautgetreu schreiben: „fata, muta, omer, oper“ u. ä.

Das bewegliche Alphabet erlaubt dem Kind, Gedanken in Symbole zu zerlegen, ohne dass es die Buchstaben selbst malen muss. Wie können wir den Kindern einen ständigen Anreiz zum Schreiben vermitteln, ohne dass nur die einzelnen Buchstaben geübt werden? Kinder wollen Wörter, Sätze und ganze Geschichten aufschreiben.

Mit den Materialien bieten wir den Kindern die Möglichkeit, sich selbstständig auszudrücken. So wird dem Kind die notwendige Genauigkeit und Sorgfalt ganz natürlich vermittelt. Den Zeitpunkt für den Beginn des Schreibens wählt das Kind selbst. Es braucht dazu keine eigene Darbietung mehr. Wir müssen hellhörig sein, wenn die „Explosion des Schreibens“ stattfindet.

Wenn das Kind also die psycho-physiologischen Vorgänge, die zum Entstehen des Schreibens und Lesens beitragen, getrennt voneinander in den drei Stufen erlernt hat, ist es fähig, früher oder später selbst zu schreiben. Maria Montessori hat diesen Vorgang als „explosiven Schreibakt“ in den Kinderhäusern erlebt:

„Es war ein winterlicher sonniger Dezembertag, und wir stiegen mit den Kindern auf die Terrasse. Sie spielten und liefen dabei ungezwungen herum, einige hatten sich um mich geschart. Ich saß neben einem Kaminrohr und sagte zu einem Fünfjährigen neben mir, dem ich ein Stück Kreide anbot: „Zeichne diesen Kamin“. Folgsam kauerte er nieder und zeichnete den Kamin auf den Boden, der gut zu erkennen war. Deshalb ließ ich mich in Lobpreisungen darüber aus; so halte ich es immer bei den Kleinen.

Der Kleine sah mich an, lächelte, blieb einen Augenblick stehen, als sei er nahe daran, vor Freude zu explodieren, dann rief er: „Ich schreibe, ich schreibe!“ Und, auf den Boden gebeugt schrieb er *mano* (Hand) und weiter, von Begeisterung gepackt, *camino* (Kamin), dann *tetto* (Dach). Während er dies tat, wurde er nicht müde auszurufen: „Ich schreibe! Ich kann schreiben!“, und zwar so laut, dass daraufhin die anderen Kinder angerannt kamen, einen Kreis um ihn bildeten und verblüfft zusahen. Zwei oder drei sagten mir ganz aufgeregt „die Kreide, ich schreibe auch!“ Und begannen in der Tat, verschiedene Wörter zu schreiben: *mama, mano, gino, camino, ada*.

Keines dieser Kinder hatte vorher ein Stück Kreide oder sonst ein Schreibgerät in die Hand genommen; sie schrieben zum ersten Mal, und sie schrieben ein ganzes Wort auf, genau wie sie ein ganzes Wort sagten, als sie zum ersten Mal sprachen …

Das Kind, welches sein erstes Wort schrieb, war voller Freude. Ich verglich es sofort mit dem Huhn, das ein Ei gelegt hat. Denn keiner konnte sich den lärmenden Äußerungen des Kleinen entziehen: er rief alle zum Schauen herbei, und wenn einer nicht kam, packte er ihn an den Kleidern und zog ihn herbei. Alle mussten kommen und sich um das geschriebene Wort stellen, um das Wunder zu bestaunen und mit Ausrufen der Überraschung in das Freudengeschrei des glücklichen Autors einzustimmen. Dieses erste war zwar meistens auf dem Boden geschrieben, und so ließ sich dann der Kleine auf die Knie nieder, um seinem Werk näher zu sein, um es aus größerer Nähe betrachten zu können.

Nach dem ersten Wort fuhr das Kind fort, überall zu schreiben, meistens auf die Tafel, in einer Art überschäumender Begeisterung. Ich sah, wie die Kinder um die Tafel standen, um zu schreiben, wie sich dahinter eine zweite Reihe von Kindern bildete, die auf Stühle gestiegen waren und etwas höher schrieben als die anderen; wie genauso viele dies auf der Rückseite der Tafel taten; ich sah, wie die von diesem Kreis ausgeschlossenen Kinder sich zu Unarten, zu Boshaftigkeit hinreißen ließen, die Stühle umwarfen, auf denen die Mitschüler standen, um sich etwas Platz zu verschaffen, und wie schließlich die im Kampf Unterlegenen sich bückten und auf dem Boden schrieben oder zu den Fensterläden und den Türen liefen, um diese zu beschreiben.

In jenen Tagen bedeckten Schriftzeichen den Boden fast wie ein Teppich, und überall waren die Wände voll geschrieben. Zuhause passierte dasselbe, und einige Mütter gaben ihren Kindern Papier und einen Bleistift, um den Fußboden, ja sogar das Brot zu retten, auf dessen Rinde sie geschriebene Wörter fanden. Eines dieser Kinder brachte am folgenden Tag eine Art Heft mit, das ganz vollgeschrieben war. Seine Mutter erzählte, es habe den ganzen Tag und den ganzen Abend geschrieben und sei im Bett mit Papier und Bleistift in der Hand eingeschlafen.“[20]

Folgende themenbezogene Schwerpunkte aus dem BEP sind hervorzuheben:

- Erfassen und Erfahren: das Wahrnehmen der direkten Tast- und Muskelempfindung der einzelnen Buchstaben;
- Fixieren des Bildes mit dem visuellen sowie dem Tast- und Muskelsinn;
- Verknüpfen des Lautes mit dem entsprechenden Zeichen;
- Mit der Stifthaltung und Stiftführung werden die Finger bzw. die Hände auf das Schreiben vorbereitet und somit die „lockere“ und „feste Hand“ trainiert.
- Die Strichführung wird innerhalb einer Begrenzung geübt – Vorbereitung auf spätere Linien.
- Die Auge-Hand-Koordination wird geschult, indem das Kind bei der Strichführung innerhalb der Konturen bleibt.
- Bezüglich der mathematischen Bildung kann das Kind bei dieser Aktivität eine Vielfalt an Erfahrungen sammeln wie das Erkennen verschiedener geometrischer Formen, das Unterscheiden gerader, schräger und gebogener Linien: Ecken, Linien, Horizontale, Vertikale.
- Für den Bereich „sprachliche Bildung und Förderung“ wird der Wortschatz durch das Benennen der unterschiedlichen Formen in besonderer Weise bereichert.
- Es wird eine Grundlage geschaffen für die weitere ästhetische, bildnerische Erziehung: durch dekoratives Gestalten mit unterschiedlichen Buntpapieren, mit verschiedenen Kombinationen von Formen und Verwenden von verschiedensten Stiften.
- Mit Reimen, Fingerspielen und Tänzen wird die musikalische Erziehung in höchster Form gefördert.

[20] Maria Montessori: Die Entdeckung des Kindes, Herder Verlag, Freiburg 1969, Seite 246–248

Lesen lernen

Das „totale Lesen"

Maria Montessori spricht vom „totalen Lesen". Sie meint damit, dass das Kind das Lesen nicht mit langsamen, mühsamen, kleinen Schritten erlernt, sondern dass es zum Lesen auf ganz natürliche Weise kommen kann; mit Freude, mit unmittelbarem Verständnis und Liebe. Während seiner sensiblen Periode bieten wir dem Kind die Möglichkeit, spontan und unbewusst auf die Aktivitäten zu reagieren, die zum Lesen hinführen. So folgt die Annäherung an das Lesen der natürlichen Entwicklung des Kindes.

Dabei wird die phonetische Annäherung an das Lesen benutzt. Die phonetische Methode ist deshalb erfolgreich, weil sie Symbole auf Laute überträgt, so dass die Bedeutung erfasst werden kann. Die phonetische Darstellung von Wörtern hilft dem Kind, die Sprache zu begreifen. Die Phonetik ist der Schlüssel bei der Entdeckung unbekannter Wörter. Die Sprunghaftigkeit zu Beginn ist von kurzer Dauer.

Das wirkliche Lesen beginnt, wenn das Kind begreift, dass es entziffern kann, was andere geschrieben haben. Auf der ersten Ebene bedeutet das den mechanischen Prozess des Herausfindens der einfachsten phonetischen Wörter. Das Kind begreift, dass es lesen kann, was es selbst und andere geschrieben haben.

Lautspiele und Anlauttabelle

Da die Sprachentwicklung beim Kind ein individueller Prozess ist, erscheint es wichtig, das Kind gezielt und individuell zu unterstützen. Durch Lautspiele werden die Kinder auf die Laute, die sie in ihrer Sprache benutzen, aufmerksam gemacht. Mit diesen Spielen ist entsprechend der jeweiligen Entwicklungsstufe der Kinder schon früh zu beginnen.

Buchstabenregal mit Anlauttabelle

Die Anlauttabelle ermöglicht den Kindern eine Übersicht über die häufigsten Anlaute. Zu jedem Anlaut gibt es eine Tierabbildung.

An einem dazugehörenden fahrbaren Holzständerregal hängen nach dem Alphabet geordnet rote und blaue Säckchen, in denen die abgebildeten Tierfiguren aufbewahrt werden. In einer weiteren Holzkiste gibt es verschiedene Tiere zu Phonemen.

Die Lehrkraft holt gemeinsam mit dem Kind bzw. Kindern die Anlauttabelle, legt diese auf den Boden und läßt das Kind bzw. die Kinder die entsprechenden Tiere aus den Säckchen herausholen und der Tabelle zuordnen.

Zu jedem der Tiere gibt es Karten, die auf der einen Seite eine Abbildung des Tieres haben und auf der anderen Seite den Anlaut.

Als weiterführende Übung können die Säckchen mit verschiedensten Gegenständen zu dem jeweiligen Anlaut gefüllt werden.

Das Kind wählt nun einen Anlaut und holt sich dazu das entsprechende Säckchen. Es verteilt alle Gegenstände auf einem Teppich bzw. Tisch und findet gemeinsam mit der Lehrkraft den Namen für die Gegenstände. Wichtig ist dabei, dass diese unbedingt mit dem entsprechenden Anlaut beginnen müssen. so kann z. B. „der Junge“ in einem J-Säckchen genauso gut vorkommen wie „der Bub“ in einem B-Säckchen.

Diese Übung zeigt den Kindern deutlich, dass es sehr oft kein „richtig“ oder „falsch“ gibt, sondern es zählt die ganz persönliche Erfahrung aus dem jeweiligen Umfeld. Besonders augenfällig wird dies an Beispielen wie: Kartoffel – Erdäpfel – Grumbeere. Solche Übungen dienen auch der Wortschatzerweiterung und stellen somit eine wichtige Vorbereitung auf das spätere Geschichtenschreiben dar.

Nachdem alle Gegenstände benannt sind, können diese noch Wortkarten zugeordnet werden, die auf drei verschiedene Arten beschriftet sind.

Bei einer weiteren Übung wird die Aufmerksamkeit auf den letzten Laut des Wortes gerichtet: „Das Wort fängt mit „k“ an und hört mit „l“ auf; Katze kann also nicht gemeint sein.“

In einer anderen Übung wird die Aufmerksamkeit auf den mittleren Laut des Wortes gerichtet: „Was hörst du in der Mitte des Wortes?“ Gemeint ist das mittlere „k“ von Krokodil“.

Darüberhinaus werden auch noch andere Gegenstände dazugelegt, die der gleichen Regelmäßigkeit folgen. Mit dem „beweglichen Alphabet“ legen die Kinder nun die Wörter auf die Holztafel.

Die blauen Vokale machen das Kind darauf aufmerksam, wie viele Silben das Wort hat. Dies wird noch mit Silbenbögen verdeutlicht.

Die Silbenbögen helfen dem Kind, die Wörter zu zergliedern. Sie erkennen, dass für jede neue Silbe ein Vokal notwendig ist. Dies ist eine wichtige Voraussetzung für den Leselernprozess.

Mit dem Spiel „Ich sehe etwas auf dem Regal oder in dem Korb, das mit „b“ beginnt, finden die Kinder weitere Wörter: natürlich können sie auch eigene Wörter dazunehmen. Diese Art von Spielen kann gut auch zu mehreren gespielt werden.

Schatzkästchen mit dem langen und kurzen „u“

In einem Kästchen werden Figuren und Gegenstände aufbewahrt, in deren Namen kurze oder lange U-Laute vorkommen.

Die Lehrkraft holt mit dem Kind das Kästchen und legt es auf den Boden. Das Kind nimmt sich einen Gegenstand heraus und sagt dabei den Namen. Es entscheidet dabei, ob das „u“ kurz oder lang klingt und legt den Gegenstand in eine der beiden (entstehenden) Gruppen. Diese Übung sollte auch für die Vokale „a“, „e“, „i“ und „o“ in der vorbereiteten Umgebung vorhanden sein.

Hosentaschenalphabet

In einer Tabelle sind, alphabetisch angeordnet, die einzelnen Buchstaben mit Bildern von Gegenständen entsprechend ihrem Anlaut kombiniert. Das Blatt kann streifenweise ausgeschnitten und fortlaufend zusammegeklebt und gefaltet werden, sodass ein etwa zündholzschachtelgroßes Leporello entsteht. Die ganze Welt der Schrift passt so in eine Hosentasche.[21]

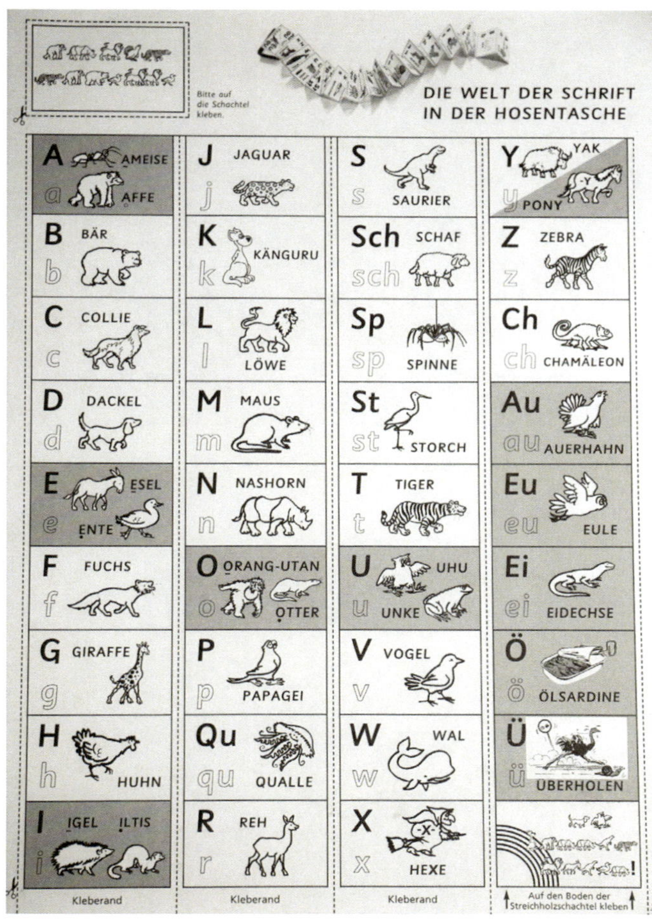

[21] Erschienen im vpm Verlag für Pädagogische Medien als Kopiervorlage im Spieleset der „Regenbogen Lesekiste“ für die Jahrgangsstufe 1 – 5, Hamburg 1999

Bauernhof

Der Bauernhof ist eine Sammlung von Gebäuden, Pflanzen und Tieren zum Thema Bauernhof, die auf einer Platte aufgebaut werden können. Der Bauernhof mit vielen Tierfamilien lädt ein zum Spiel. Er verkörpert das Leben. Junge Tiere, Mutter- und Vatertiere, Leben im Stall und auf der Weide und im Wald. Bäuerin und Bauer mit ihren Kindern leben im Bauernhaus und versorgen ihre Tiere. Der Bauernhof ist umgeben von Wiesen, Weiden und Wäldern. Die Kinder erleben den natürlichen Zyklus von Werden, Leben und Sterben. Beim Spiel findet aktive, spontane Auseinandersetzung mit Sprache statt.

Wichtig dabei ist, dass die Lehrkraft auf die spielerische Ebene des Kindes eingeht, im emotionalen Kontakt mit ihm ist.

Mit den schon älteren Kindern kann die Lehrkraft durch gezieltes Fragen bzw. Wortkärtchen Impulse setzen und das Spiel mit kulturellem Tun verbinden.

Sekretärinnenspiel zum phonetischen Lesen

Die Lehrkraft hat ein ansprechendes Tablett mit einem Bleistift und Buntstiften, Papierstreifen, Schere und einem Hefter vorbereitet.

Im ersten Schritt holt sie Gegenstände bzw. Tiere mit phonetischer – lautgetreuer – Bezeichnung vom Bauernhof, beispielsweise einen Hasen, einen Igel, eine Ente, eine Rose.

Die Lehrkraft zeigt dem Kind einen Gegenstand. Das Kind benennt diesen und die Lehrkraft schreibt die Bezeichnung auf einen Papierstreifen. Dieser liegt gut sichtbar vor dem Kind, welches an der linken Seite der Lehrkraft sitzt.

Die Lehrkraft „malt“ in ihrer schönsten Schrift Buchstaben für Buchstaben, so dass jeder Buchstabe vom Kind gut wahrgenommen bzw. mitgelesen werden kann. Genauso macht sie es mit den weiteren Gegenständen.

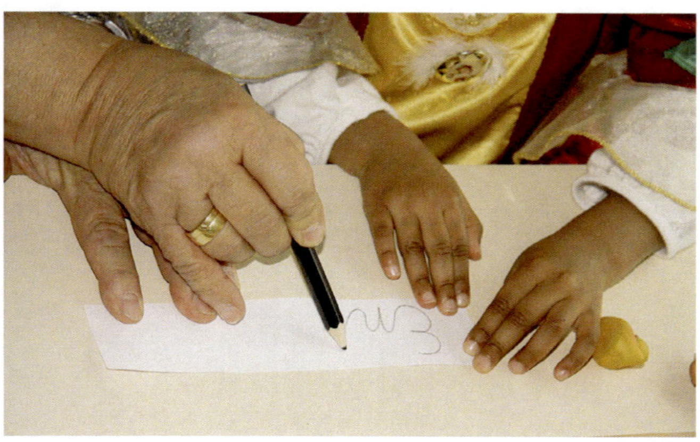

Im nächsten Schritt mischt die Lehrkraft die Papierstreifen und fordert das Kind dazu auf, sie wieder den Tieren zuzuordnen. Falls das noch nicht richtig klappt, korrigiert sie nicht das Kind, sondern sie beobachtet bzw. nimmt wahr, was das Kind kann.

Das Kind holt sich selbst weitere Tiere bzw. Gegenstände vom Bauernhof und lässt sich diese, wie zuvor beschrieben, von der Lehrkraft aufschreiben.

Beim Fisch erklärt die Lehrkraft, dass für den Laut „sch“ drei Buchstaben geschrieben werden. Damit wir es besser erkennen können, schreiben wir es rot.

Genauso verfährt sie mit den anderen vom Kind gewählten Tieren. Danach spielen die Kinder gerne das sogenannte Bürospiel als Rollenspiel.

Bei diesem Spiel, bei dem die Lehrkraft dem Kind als Sekretärin dient, geht es vor allem um die emotionale Beziehung: „Ich will auch mal neben dir sitzen und du schreibst mir auf, bist meine Sekretärin.“

Buchstabenkästen

Es gibt zwei Buchstabenkästen, in denen auf einzelnen Kärtchen jeweils ein rotes und ein blaues Alphabet eingeordnet sind. Auf der Vorderseite Groß-, auf der Rückseite Kleinbuchstaben. Die roten Buchstaben werden zur Hervorhebung einzelner Phoneme eingesetzt.

Die Lehrkraft holt mit dem Kind die beiden Kästen zum Sekretärinnenspiel.

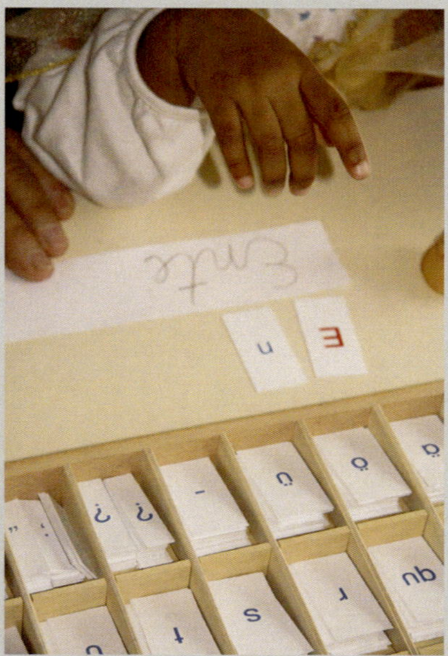

Über den Papierstreifen wird das jeweilige Wort noch einmal aus den einzelnen Buchstaben gebildet (in der Regel blau).

Die Besonderheit einzelner Phoneme wird beim Legen mit roten Buchstaben hervorgehoben.

Eine wichtige Auseinandersetzung mit den Buchstaben ist das Zurückordnen in die Kästen.

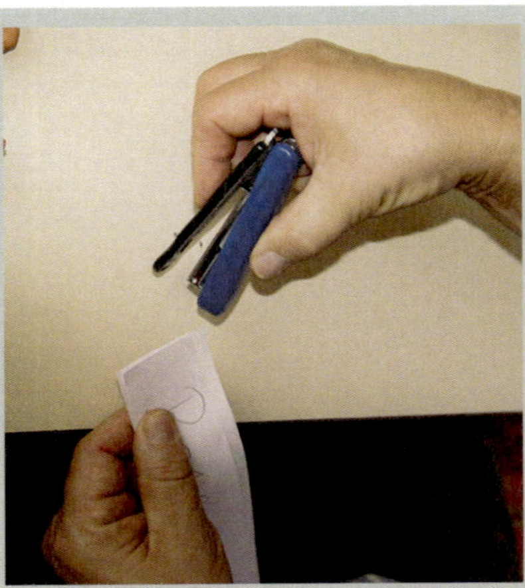

Zum Schluss werden die Papierstreifen mit einem Tacker zusammengeheftet und mit Name und Datum versehen.

Das Kind hat somit sein erstes Büchlein, also sein erstes Werk, welches es mit nach Hause nehmen kann.

Für die selbstständige Weiterarbeit des Kindes gibt es zu den Buchstabenkästen eine Bildkartei, die lautgetreue Wörter in drei Schwierigkeitsstufen – ein-, zwei-, dreisilbige Wörter – enthält.

Das Kind legt die Bilder aus und ordnet die passenden Gegenstände zu. Anschließend legt das Kind zu den Bildern die Wörter mit den Buchstaben aus den Kästen.

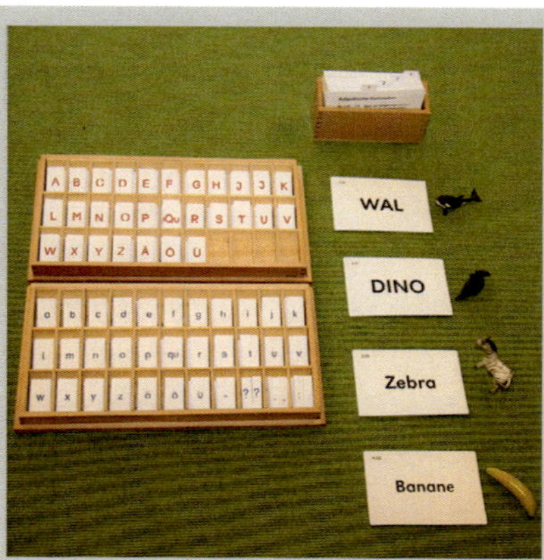

Kinder, die noch sehr unsicher sind, wie die Gegenstände auf den Bildern heißen, können als Vorlage auch die Kärtchen gleich umdrehen.

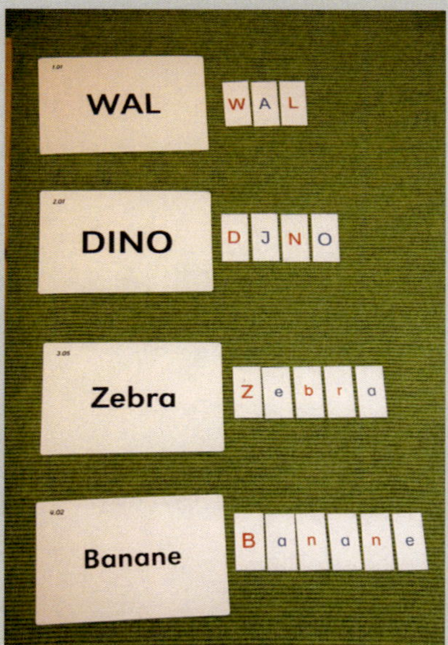

Auf der Rückseite der Bildkarte befindet sich das Wort, so dass das Kind selbst kontrollieren kann. Die Kartei enthält sowohl Wörter, die nur mit Großbuchstaben geschrieben sind, als auch Wörter in regulärer Groß- und Kleinschreibung.[22]

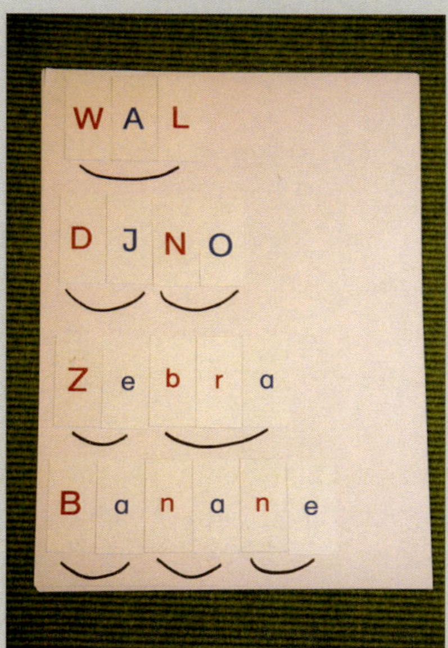

In einer weiteren Übung legt das Kind die Wörter auf ein leeres Blatt Papier aus. Mit einem Stift werden dann die Silbenbögen eingezeichnet

[22] In den handelsüblichen Buchstabenkästen wird das große „I“ in der älteren Schreibweise mit dem Haken dargestellt.

Phonogrammschatzkästchen „sch“

Das Schatzkästchen enthält verschiedene Gegenstände, deren Bezeichnung das Phonogramm „sch“ enthält.

Das Kind nimmt mit der Lehrkraft einen Gegenstand nach dem anderen aus dem Schatzkästchen, benennt ihn und legt diese Gegenstände untereinander auf dem Tisch bzw. auf den Teppich aus.

Die Lehrkraft fragt: „Wo hörst du ein „sch“ am Anfang, in der Mitte, am Ende?“ (In der Fachsprache An-, In- bzw. Auslaut genannt).

Die Lehrkraft betont deutlich das „sch“ und schreibt das Wort eines Gegenstandes auf den Papierstreifen. Mit rot wird das „sch“ farbig hervorgehoben.

Wieder können die Streifen gemischt und neu zugeordnet werden.

In der gleichen Weise werden für verschiedene Phonogramme Schatzkästchen angelegt.

Die Lehrkraft kann dem Kind zeigen, wie sich das Phonogramm „sch“ zusammensetzt. Dazu nimmt sie die Buchstabenkärtchen aus dem Buchstabenkasten. Dem Kind wird dabei bewusst, dass manche Phoneme als eine Kombination aus mehreren Buchstaben geschrieben werden, obwohl sie wie ein Laut klingen.

Entsprechend dem Alter und dem Leistungsstand des Kindes muss die jeweilige Abstraktionsebene berücksichtigt werden. Zuerst wird der konkrete Gegenstand gelegt, dann eine Abbildung und als drittes das Wort bzw. der Text.

Als weitere Leseübung dienen zugeschnittene Pappstreifen, auf denen Dinge aus der unmittelbaren Umgebung der Kinder in verschiedenen Sprachen geschrieben sind. Diese werden mit einer Schnur zum Aufhängen versehen. Die Lehrkraft hängt sie an die entsprechenden Gegenstände und bittet das Kind, sie nacheinander zu holen. Das Kind liest nun die Wörter und hängt sie selbst an die jeweiligen Gegenstände zurück. Natürlich kann es auch die Wörter mit den Buchstabenkästen nachlegen.

Im Buch „Das kleine Museum“[23] sind Wörter und dazugehörige Bilder gesammelt. Die Bilder sind reizvolle Details aus klassischen Gemälden. Die Wörter sind in deutlichen Druckbuchstaben in verschiedenen Sprachen geschrieben und bieten so den Kindern die Möglichkeit, diese selbst abzuschreiben oder mit den genannten Buchstabenkästen nachzulegen.

---

[23] Alain Le Saux, G. Solotareff: Das kleine Museum, Moritz Verlag, Frankfurt 2006

Wortschatzerweiterung

Da der Wortschatz der Kinder immer umfangreicher wird, ist es notwendig, dem Kind neue Ordnungssysteme innerhalb der Sprache anzubieten.

Hierzu bekommen die Kinder Gegenstände, Bilder und Wörter, die nach Themen geordnet sind, z. B. Tiere, Pflanzen, Werkzeuge, Obst, Gemüse, Kleidung, Haushaltsgegenstände usw.

Ein Beispiel zum Thema „Obst“

Auf einem Tablett liegen verschiedene Früchte, wie z. B. Apfel, Birne oder Traube, dazugehörige Bild- und Wortkarten als auch die Karten für den Oberbegriff „Obst“. Das Kind legt die Gegenstände aus und ordnet die jeweilige Bild- und Wortkarte dazu. Darüber erfährt das Kind den Sinn des Oberbegriffes Obst, den es als Bild- und Wortkarte dazulegt.

Nach der Zuordnung können sich die Kinder ein eigenes Obstheft anlegen, in dem sie die Früchte abmalen und die jeweiligen Begriffe dazuschreiben.

Schon bald begnügen sich die Kinder nicht mehr damit, lediglich Gegenstände, Bilder und Wörter einander zuzuordnen. Dies ist der Zeitpunkt für das Angebot sogenannter „Definitionen“.

Definitionen

Für die Arbeit mit Definitionen bieten sich vor allem Themen aus der „Kosmischen Erziehung“ an und aus dem unmittelbaren Erfahrungsbereich der Kinder in der Natur. Sehr beliebt bei den Kindern ist z. B. „Die Entwicklung des Frosches“ oder „Die Entwicklung des Schmetterlings“.

Definitionen zum Thema „Land- und Wasserformen“

Wir haben für dieses Buch als Beispiel die „Land- und Wasserformen“ gewählt, weil es hierzu auch ein wunderschönes Sinnesmaterial gibt, das im Band „Kosmische Erziehung“ genauer beschrieben wird. Das „Definitionsmaterial“ besteht aus 10 Formplatten, den Definitionsbüchlein Teil 1 und 2; 2 Kartensätzen bestehend aus je 10 Bildkarten mit und ohne Namen; 10 Namenskarten; 10 Definitionskarten; 10 Definitionskarten mit Signalwort zum Zuordnen; Textstreifen.

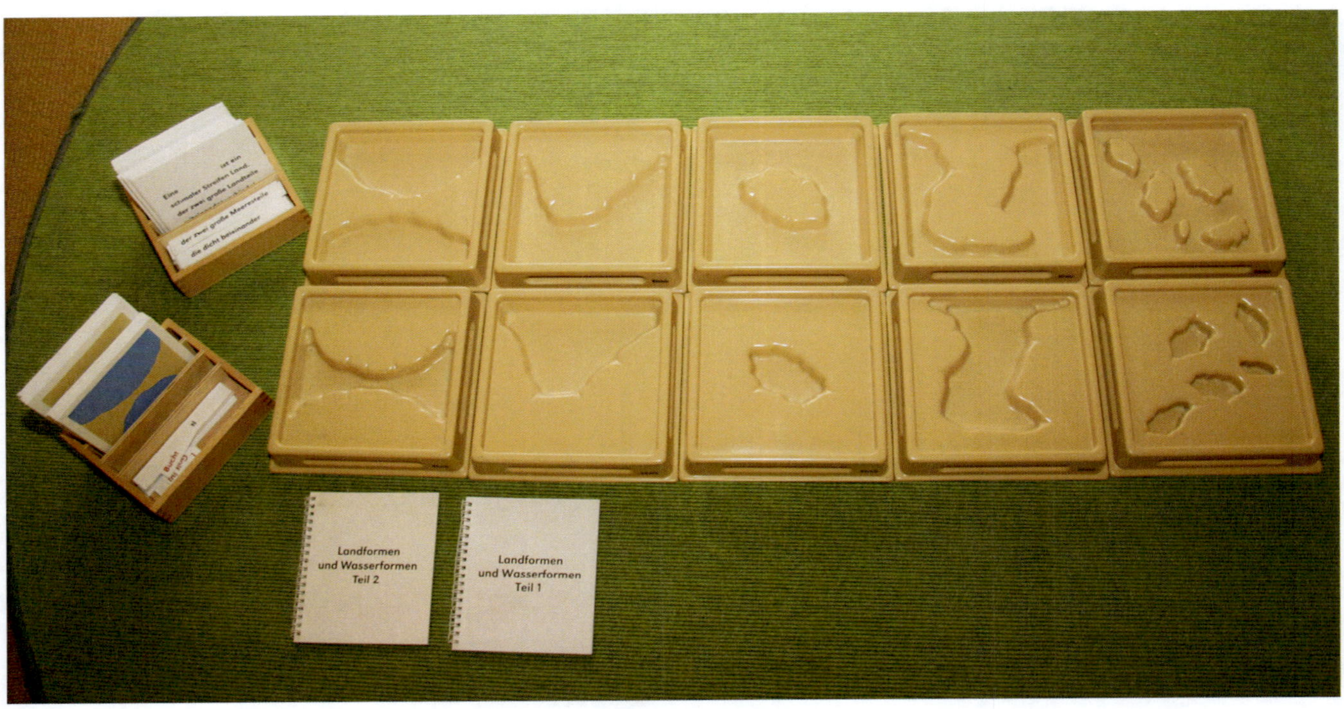

Die Lehrkraft lässt die Kinder die Bildkarten der jeweiligen Form zuordnen und benennen.

Nach der Namensnennung wird der Bildkarte die Wortkarte zugeordnet.

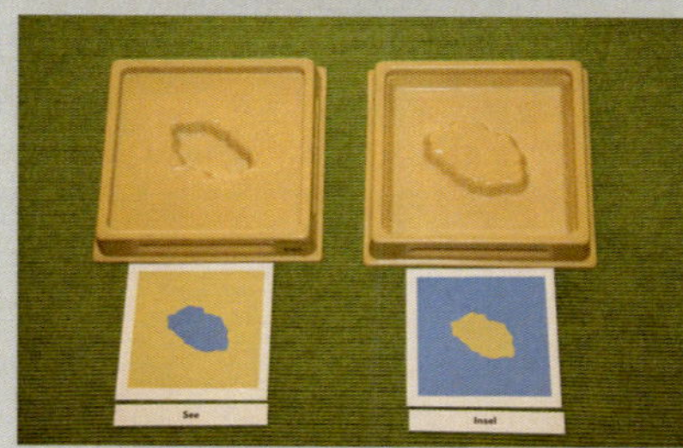

Die Bildkarten mit dem Namen darauf dienen zur Selbstkontrolle.

Nun werden gemeinsam die Definitionsbüchlein gelesen.

Danach ordnen die Kinder die Karten mit den Definitionen den Bildkarten zu. (Bei Unsicherheit können die Kinder immer noch einmal im Definitionsbüchlein nachschauen.)

Im nächsten Schritt suchen die Kinder die „Signalwörter“ und fügen diese in die entsprechende Lücke der Textkarte ein.

Eine noch intensivere Leseerfahrung und Auseinandersetzung mit dem Inhalt ermöglicht abschließend das Zusammenstellen des Textes anhand der Textstreifen.

Zum Schluss können die Kinder den zusammengelegten Text mit dem Definitionsbüchlein oder der Definitions-Textkarte vergleichen. (Selbstkontrolle!)

Bei diesem Spiel ist besonders interessant zu beobachten, mit welch unterschiedlichen Strategien die Kinder hier arbeiten. Bei genauer Beobachtung bekommt die Lehrkraft sehr gute Informationen bezüglich der bereits vorhandenen Lesekompetenz der Kinder.

Wenn das Kind nun einfache Phrasen und Sätze lesen und verstehen kann, ist auch die Bereitschaft vorhanden, etwas über die „Funktion der Wörter“ zu erfahren.

Einführung in die Wortarten

Mit geeigneten Spielen erfahren die Kinder schnell, dass jedes Wort seinen eigenen Platz und Zweck hat. Die Kinder können erleben, dass es in der Sprache Strukturen und eine Ordnung gibt. Die einzelnen Elemente der Sprache werden in einfacher, spielerischer Weise eingeführt, und zwar entsprechend den Kategorien, in denen das Kind sich auch die gesprochene Sprache angeeignet hat: Erst das Nomen, dann der Artikel, das Adjektiv, die Konjunktion, das Verb und die Präposition.

Jede Wortart wird mit einem bestimmten Symbol in Verbindung gebracht, damit das Kind es erkennen kann, ohne dass es den grammatikalischen Begriff kennen muss.

Jede Übung schließt frühere Teilübungen ein, so dass irgendwann Sätze entstehen.

Nomenspiel

Die Lehrkraft bittet die Kinder, ihren Namen zu nennen. Danach sagt sie: „Wenn ich deinen Namen rufe, dann kommst du her."

Jedes Kind holt seine vorbereitete Namenskarte und legt diese auf einen Teppich. Die Lehrkraft sagt: „Jeder Name bekommt als Symbol ein schwarzes Dreieck." Sie legt zu jeder Namenskarte ein schwarzes Dreieck.

Nun schreibt die Lehrkraft jedem Kind einen Namen (Bezeichnung für einen Gegenstand) auf eine Karte und lässt die Kinder die entsprechenden Gegenstände bringen und zusammen mit der Wortkarte auf einen Teppich legen.

Jedem Namen ordnen die Kinder nun ein schwarzes Dreieck als Symbol zu.

Die Kinder kleben die Papierstreifen mit den Namen auf einen großen Papierbogen. Über jedes geschriebene Wort kleben sie das schwarze Dreieck.

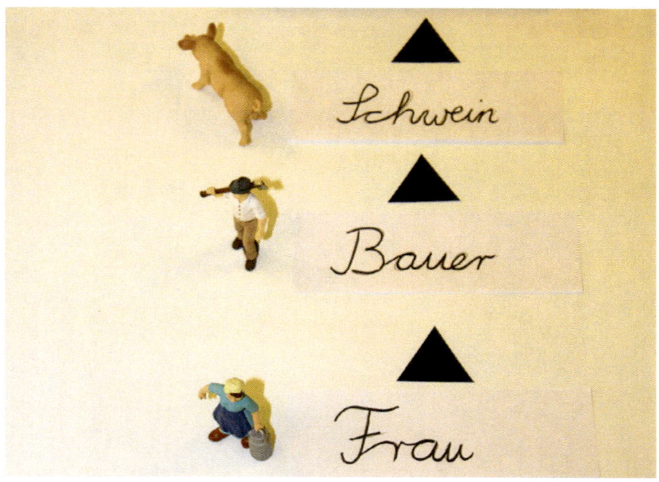

Manche Kinder schreiben die Wörter auch ab oder fahren die von der Lehrkraft für sie persönlich geschriebenen Wörter nach.

Nun bittet die Lehrkraft die Kinder, etwas zu holen, das keinen Namen hat. Die Kinder merken sofort, dass sie nichts bringen können, wenn sie nicht den Namen der Gegenstände wissen.

Artikelspiel

Wie beim Sekretärinnenspiel schreibt die Lehrkraft dem Kind den Namen eines Tieres vom Bauernhof auf einen Papierstreifen – diesmal schreibt sie aber noch mit einem hellblauen Stift den entsprechenden Artikel vor den Namen.

Sehr schnell bemerken die Kinder, dass das männliche Tier immer ein „der“ vor dem Namen hat, das weibliche Tier ein „die“ und das Kind das Wörtchen „das“.

Die Kinder sind begeistert von dieser Regelmäßigkeit und wollen immer mehr Tiere vom Bauernhof aufgeschrieben bekommen.

Sobald eine ganze Sammlung von Tieren und entsprechenden Wortkarten auf dem Tisch bzw. Teppich liegt, gibt die Lehrkraft einem Kind eine hellblaue Schere und lässt damit die kleinen hellblau geschriebenen Wörter von den Namen abtrennen.

Nun lässt man alle Wortkarten von den Kindern mischen und danach wieder den entsprechenden Tieren zuordnen – zuerst den Namen, dann den passenden Artikel.

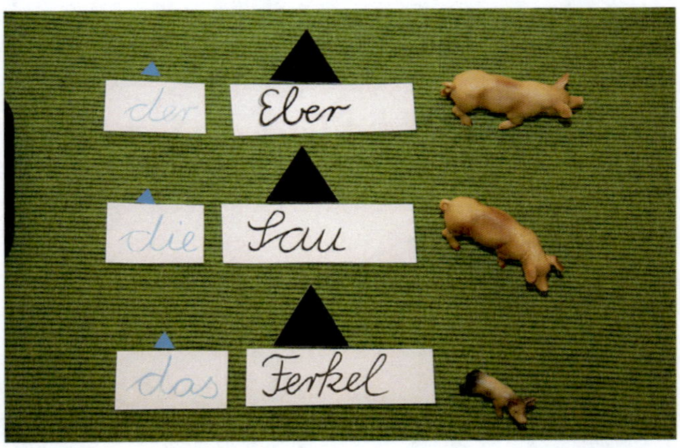

Die Lehrkraft fordert die Kinder nun auf, über die Namen das bereits bekannte Symbol zu legen. Danach sagt sie: „Die kleinen, hellblau geschriebenen Wörter „der“ – „die“ – „das“, die die Namen begleiten, bekommen als Zeichen das kleine hellblaue Dreieck.“

Von den Kindern wird nun auch über jeden Artikel ein entsprechendes Dreieck gelegt.

Zum Schluss kleben die Kinder die Papierstreifen auf einen großen Papierbogen, und über jedes Wort kleben sie das entsprechende Symbol.

Adjektivspiel

Die Lehrkraft schreibt dem Kind wieder Namen von Tieren oder anderen Gegenständen bzw. Personen vom Bauernhof mit den entsprechenden Artikeln auf einen Papierstreifen.

Das Kind liest und holt das Entsprechende. Nun fragt die Lehrkraft das Kind z. B.: „Wie sieht denn das Pferd aus?“ Meistens sagen die Kinder spontan die Farbe, manchmal aber

auch „groß“ oder „klein“, „dick“ oder „dünn“ usw.

Mit einem dunkelblauen Stift schreibt die Lehrkraft nun „braune“ auf einen Papierstreifen.

Sie bittet das Kind, mit der dunkelblauen Schere die beiden Wörter auf dem ersten Papierstreifen voneinander zu trennen und legt das Wort „braune“ dazwischen.

Das Kind liest: „Das braune Pferd“.

Nun schreibt die Lehrkraft neue Aufträge – aber gleich mit dem dunkelblau geschriebenen Adjektiv dazwischen, z. B.: der stolze Schwan;

die fette Sau; der fleißige Bauer; der kleine Baum usw.

Dabei wird den Kindern bewusst, dass sie wegen des Adjektivs genau hinschauen müssen,

um das richtige Tier oder den richtigen Gegenstand bringen zu können.

Nachdem einige Papierstreifen mit den entsprechenden Tieren, Personen oder Gegen-

ständen auf dem Teppich liegen, holt die Lehrkraft die Box mit den Wortsymbolen.

Die Kinder ordnen sofort den Namen und den Artikeln die bekannten Symbole zu. Danach sagt die Lehrkraft: „Die Wörter, die uns sagen,

wie etwas oder jemand aussieht, bekommen ein mittelgroßes dunkelblaues Dreieck."

Die Kinder nehmen die dunkelblauen Dreiecke aus der Box und legen sie über die dunkelblau geschriebenen Wörter.

Zum Schluss kleben die Kinder die Papierstreifen auf einen großen Papierbogen, über jedes Wort kleben sie das entsprechende Symbol.

Manche Kinder schreiben auch alles von den Papierstreifen ab.

Alle genannten Spiele bieten sich auch für die Einführung der englischen bzw. einer weiteren Sprache an. Hierzu gibt es sehr ansprechende Kinderbücher beispielsweise „Mouse paint“[24], in dem die Kinder mit Farbadjektiven in Kontakt gebracht werden.

Die Lehrkraft liest vor und zeigt die entsprechenden Bilder dazu.

[24] Ellen Stoll Walsh: Mouse Paint. Voyager Books

Anschließend lässt sie im Raum Gegenstände in den entsprechenden Farben suchen und auf dem Teppich sammeln. Dann legt sie die Wörter der Farbadjektive mit dem beweglichen Alphabet dazu. Die Vokale erscheinen dabei in blau, die Konsonanten in rot.

Zum Schluss können die Kinder auf einem Blatt die Mäuse in den entsprechenden Farben anmalen und an einer mit „English-Corner“ bezeichneten Pinnwand aufhängen.

Konjunktionsspiel

Auf dem Tisch oder einem ausgerollten Arbeitsteppich steht eine Vase, gefüllt mit verschiedenfarbigen Seidenblumen.

Das Kind sitzt wieder links von der Lehrkraft und schaut zu, wie die Lehrkraft „die rote Blume“ auf einen Papierstreifen schreibt. Das Kind liest bereits während des Schreibens mit, nimmt die rote Blume aus der Vase und legt sie neben den Papierstreifen. Genauso verfährt die Lehrkraft nun noch mit zwei weiteren Blumen.

Nachdem die drei Blumen neben den entsprechend beschriebenen Papierstreifen liegen, nimmt die Lehrkraft ein rosa Band und bittet das Kind, eine Blume daraufzulegen. Die Lehrkraft nimmt dabei den Papierstreifen weg und legt ihn an den oberen Teppich- oder Tischrand.

Nun schreibt sie mit einem rosa Stift „und“ auf einen kurzen Papierstreifen, platziert diesen neben dem bereits abgelegten Papierstreifen und legt einen weiteren daneben. Das Kind erhält den Auftrag, die entsprechende Blume zu der bereits abgelegten Blume auf das rosa Band zu legen. Genauso wird mit der letzten Blume verfahren.

Nun bindet die Lehrkraft die Blumen zusammen und sagt:

„Genauso wie dieses rosa Band die Blumen zusammenbindet, verbindet das rosa geschriebene Wörtchen „und“ die Gegenstände zu einer langen Aufzählung.“

Die Lehrkraft holt den Kasten mit den Wortsymbolen und bittet das Kind, die ihm bereits bekannten Symbole über die jeweiligen Wörter zu legen. Meistens beginnen die Kinder dann mit dem schwarzen Dreieck, legen dann die kleinen hellblauen Dreiecke über die Artikel und die dunkelblauen Dreiecke über die Adjektive.

Diese Übung gibt der Lehrkraft gleichzeitig einen Einblick bezüglich der bereits erworbenen Fähigkeiten der Kinder.

Die Lehrkraft zeigt dem Kind nun das neue Symbol (kleiner rosa Balken) und legt diesen über die Wörtchen „und“.

Zum Schluss kleben die Kinder die beschriebenen Papierstreifen mit den jeweiligen Wortsymbolen darüber auf eine lange Papierrolle (Kassenbon-Rolle), damit sie das Spiel mit neuen Wörtern in der nächsten Zeit fortsetzen können und am Schluss eine richtig lange bunte Banderole haben.

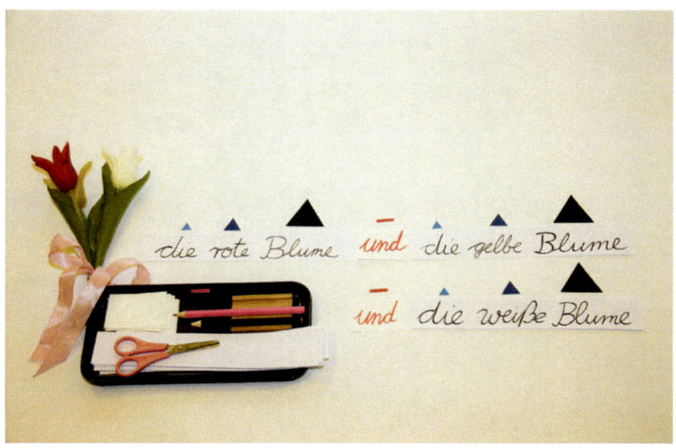

Verbspiel

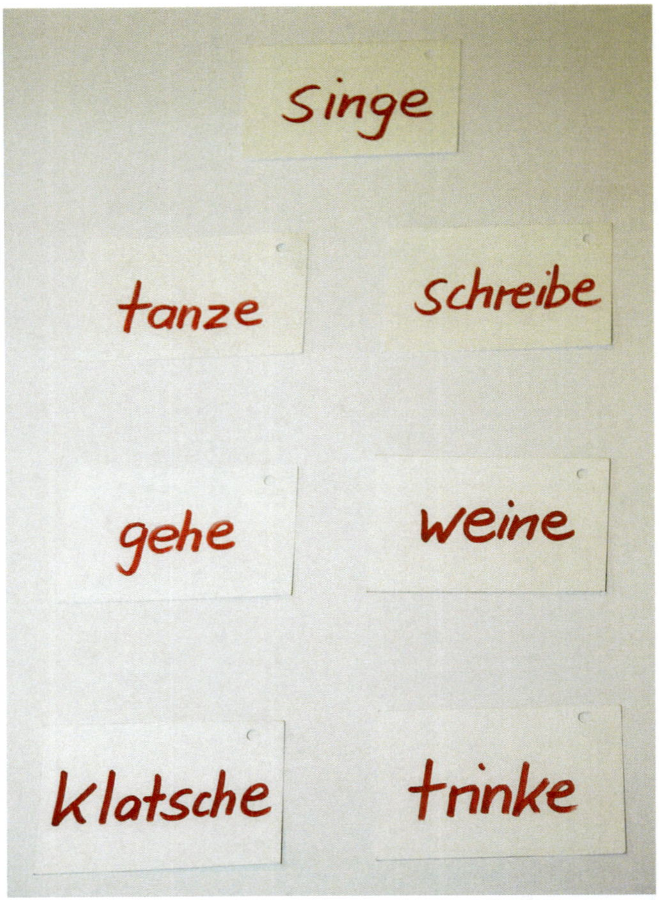

Dieses Spiel eignet sich hervorragend als Gruppenaktivität. Die Lehrkraft schreibt jeweils einem Kind mit einem roten Stift ein Verb auf einen Papierstreifen: „singe“, „tanze“, „gehe“, „schreibe“ usw. Das Kind liest und führt die Tätigkeit aus. Die anderen Kinder müssen immer erraten, um welche Tätigkeit es sich handelt bzw. welches Wort auf dem jeweiligen Papierstreifen stand.

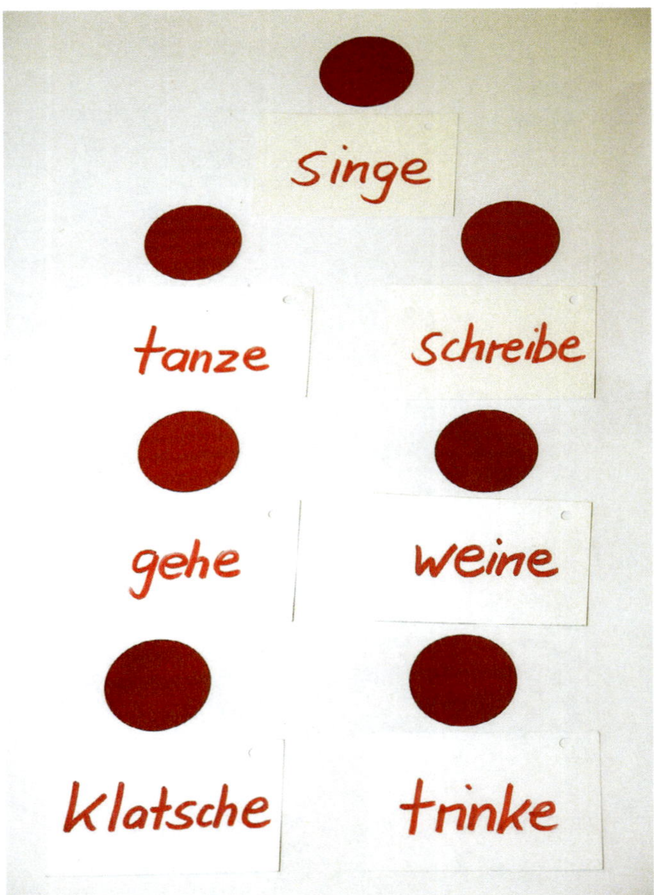

Nachdem alle Streifen der Kinder auf einem Teppich ausgelegt sind, fragt die Lehrkraft: „Welches Wort hat dir gesagt, was du tun solltest?“ Jedes Kind benennt noch einmal sein Wort und die Lehrkraft legt in diesem Moment das entsprechende Symbol darüber: einen großen roten Kreis.

Die Kinder fertigen sich nun eine Liste mit Wörtern an, die alle einen roten Kreis als Symbol haben und kleben über jedes geschriebene Wort das Symbol.

Als weitere Übung gibt es die sogenannten „Leseaufträge im Kasten“. Bei diesen Leseaufträgen muss das Gelesene in Aktionen umgesetzt werden, z. B.

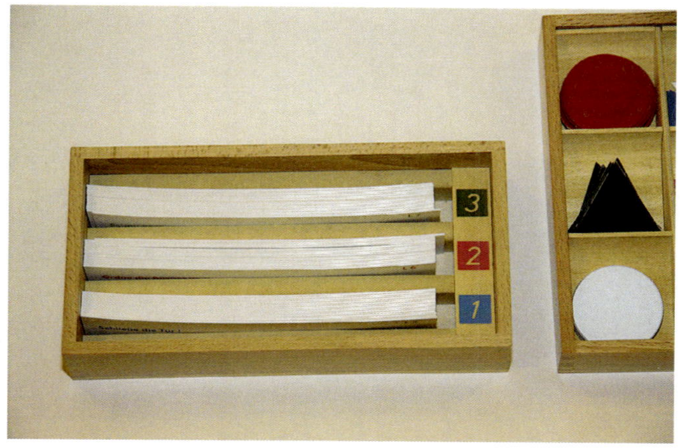

Öffne die Tür!

Schließe die Tür!

Summe ein Lied!

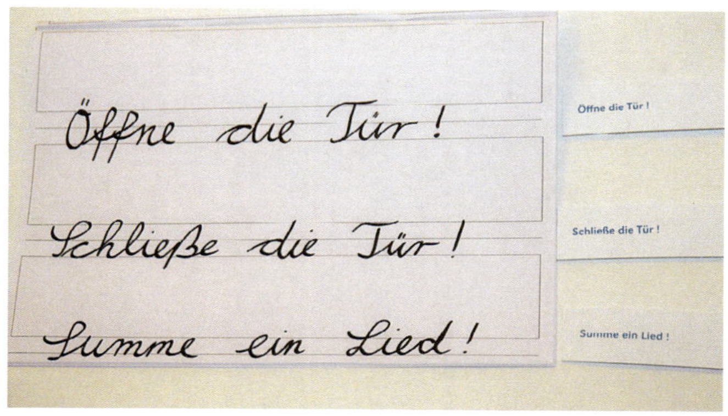

Zum Schluss schreiben die Kinder die Aufträge auf und kleben die Wortsymbole darüber.

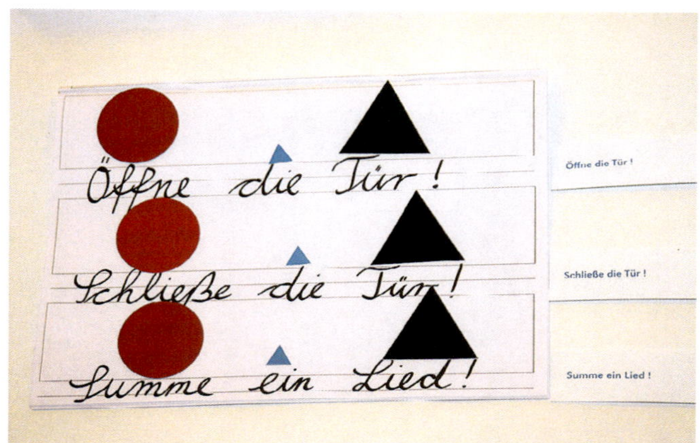

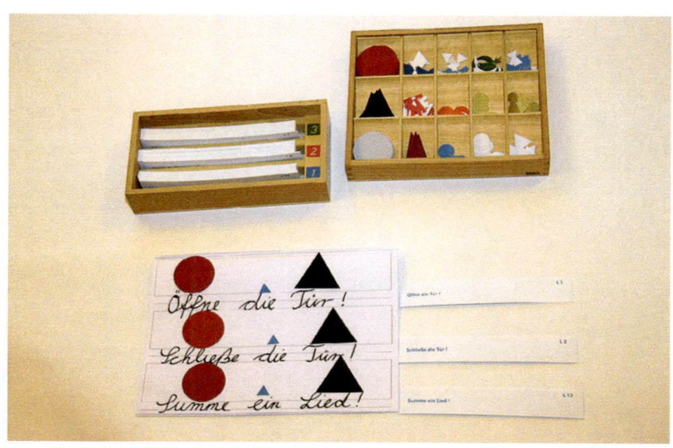

Präpositionsspiel

Noch einmal nimmt die Lehrkraft die Blumenvase mit den Seidenblumen zu einem Tisch oder einem Arbeitsteppich und schreibt für ein Kind auf einen Papierstreifen „die rote Blume“. Das Kind liest und legt die rote Blume neben den Papierstreifen.

Auf einen weiteren Papierstreifen schreibt die Lehrkraft nun „die Vase“ und das Kind legt diesen Papierstreifen zur Vase.

Nun schreibt die Lehrkraft „lege“ auf einen Papierstreifen und legt diesen vor den Papierstreifen mit „die rote Blume“. Das Kind liest den Auftrag und legt die Blume noch einmal hin. Nun legt die Lehrkraft das Wort „lege“ vor den Papierstreifen mit „die Vase“, und das Kind führt auch diesen Auftrag aus. (Gott sei Dank ist kein Wasser in der Vase.)

Die Lehrkraft nimmt jetzt einen grünen Stift, schreibt damit „vor“ auf einen Papierstreifen und legt diesen so, dass folgender Leseauftrag vor dem Kind auf dem Tisch bzw. Teppich liegt: „lege die rote Blume vor die Vase“. Das Kind führt den Auftrag aus.

Auf einen neuen Zettel schreibt die Lehrkraft nun „neben“ und tauscht diesen gegen den Zettel mit „vor“ aus.

Auch diesen Auftrag liest das Kind und führt ihn aus.

Das gleiche Spiel wird fortgesetzt mit Wörtern wie „hinter“, „unter“, „auf“ usw., je nach Interesse des Kindes.

Die Lehrkraft bringt jetzt den Kasten mit den Wortsymbolen und bittet das Kind, alle ihm bekannten Symbole über die jeweiligen Wörter zu legen.

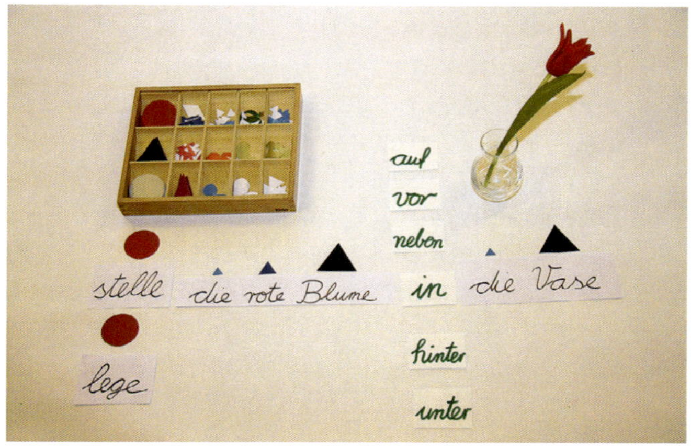

Dann sagt sie „Die Wörter, die dir sagen in welcher Position oder in welchem Verhältnis die Blume sich zu der Vase befindet, bekommen dieses grüne Zeichen.“ Gleichzeitig legt sie das entsprechende Symbol über alle aufgeschriebenen Präpositionen.

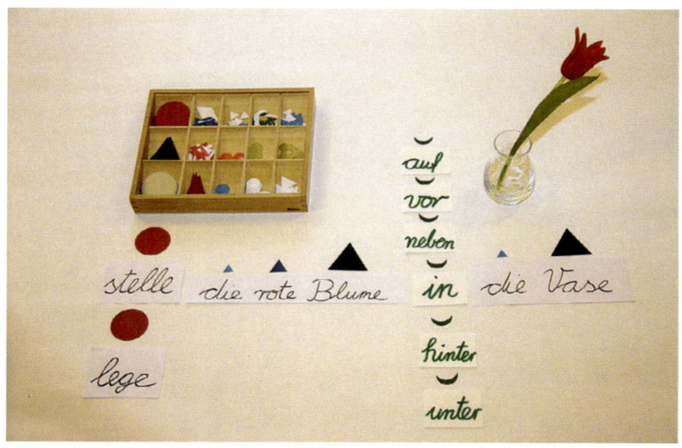

Zum Schluss klebt das Kind alle Papierstreifen wieder auf einen großen Papierbogen mit den entsprechenden Symbolen über den Wörtern.

Folgende themenbezogene Schwerpunkte aus dem BEP sind hervorzuheben:

- Die Arbeit mit dem Bauernhof gibt den Kindern die Möglichkeit, wichtige ökologische Zusammenhänge zu erkennen.
- Bei der Arbeit mit den Definitionen erfahren die Kinder viele bedeutsame kosmische Zusammenhänge wie zum Beispiel die Metamorphose des Frosches.
- Die Arbeit mit den Land- und Wasserformen gibt den Kindern viele grundlegende mathematische Informationen, zum Beispiel spiegelt sich das Zehnersystem in fünf typischen Land- und fünf typischen Wasserformen. Die Kinder erfahren bereits etwas über „positiv" (Landformen) und „negativ" (Wasserformen).
- Mit dem Globus oder einer großen Weltkarte können die Kinder zu den Land- und Wasserformen einen geografischen Zusammenhang herstellen.
- Das Arbeiten mit dem Definitionsmaterial bereitet die Kinder bereits auf das Geschichtenschreiben vor (zum Beispiel Ablauf einer Geschichte von Anfang bis Ende).
- Die Arbeit mit den Wortsymbolen lässt die Kinder die „Mathematik der Sprache", ihren Aufbau und ihre Struktur erfahren.
- Die ästhetische und bildnerische Erziehung wird wesentlich über die „Wortsymbolarbeit" und die Dokumentation der Arbeiten unterstützt.
- Der Vergleich mit anderen Sprachen und deren Bedeutung der Wörter durch das Zuordnen von Wortsymbolen führt zu einer wesentlichen interkulturellen Erfahrung.
- Das Spiel „Jambo Kenya" gibt den Kindern gute Möglichkeiten, sich mit Raum-Lage-Beziehungen auseinanderzusetzen. Sie lernen hierbei auch das Ausschließungsverfahren kennen, das für die weitere Spracharbeit eine wichtige Voraussetzung darstellt. Es bereitet sehr gut auf die Bedeutung des Adjektives und vor allem der Präposition vor.
- Durch das Angebot von ausgewählter Kinderliteratur zum Vorlesen und Selbst-Lesen und Anschauen wird besonders auf die ethische und religiöse Erziehung geachtet.

Ausblick

Zum Schluss möchten wir gerne Auszüge aus der Broschüre „Eine Chance für Neugier – Materialien zur frühkindlichen Bildung"[25] zitieren, weil hier die Grundvoraussetzungen genannt sind, die für die Umsetzung der in diesem Buch beschriebenen Aktivitäten notwendig sind.

„Die frühen Jahre sind geradezu das goldene Zeitalter des Lernens in der individuellen Bildungsbiografie. Kinder wollen lernen. Mit beneidenswerter Leichtigkeit und Geschwindigkeit bewältigen sie das große Projekt, sich in der Welt zurechtzufinden. Fragen sind ihre Lehrmeister … Kinder sind Forscher, Erfinder und Entdecker in einer Person. Anders als Erwachsene haben kleine Kinder ständig mit Situationen zu tun, die es erst zu erschließen gilt – mehr als das in ihrem späteren Leben der Fall ist. Das macht Lernen für sie so lustvoll. Aha-Erlebnisse, das wissen wir aus eigener Erfahrung, machen glücklich. Wenn sich einzelne Bausteine der Erkenntnis zu einem Ganzen fügen – dann produziert unser Körper Dopamin; es versetzt uns in einen Glücksrausch. Dies erklärt auch, warum unser Gehirn eigentlich nichts lieber tut als lernen.

Neue Ergebnisse der Hirnforschung zeigen: Bildung beginnt mit der Geburt. Das Gehirn des Babys ist eine Art Lernmaschine, die mit allen fünf Sinnen aufnimmt, was die Umgebung liefert – jede Berührung, jede Bewegung, jeden Laut. Bereits kleine Kinder nutzen eine anregende Umgebung, um Neues zu lernen. Auf einem Großteil des Gelernten können sie später aufbauen. Diese Chance dürfen wir keinem Kind vorenthalten.

Mit der Bildungsaufgabe sollten wir deshalb in den frühen Jahren beginnen – mit der Förderung jedes einzelnen Kindes und mit mehr Chancengerechtigkeit für jene, die sozial benachteiligt sind. Jede individuelle Begabung sollte sich entfalten können."

Interessanterweise hat Maria Montessori all dies bereits vor 100 Jahren, als sie ihre Arbeit im Kinderhaus in San Lorenzo mit sozial benachteiligten Kindern begann, erkannt und beschrieben. Im folgenden werden noch einmal die wichtigsten Phänomene, die im obigen Zitat erwähnt sind, in Maria Montessoris Terminologie zusammengefasst:

Absorbierender Geist

Sensible Perioden

Vorbereitete Umgebung

Polarisation der Aufmerksamkeit

Normalisation

Freiheit

Aus all diesen genannten Phänomenen resultiert eine besondere Aufgabe und Haltung der

Lehrkraft.

Jesper Juul nennt diese *„Die Fähigkeit der Erzieherin, das einzelne Kind zu seinen eigenen Prämissen zu „sehen" und ihr eigenes Verhalten darauf abzustimmen, ohne zugleich die Führung abzugeben; außerdem die Fähigkeit, authentisch im Kontakt zu sein … schließlich die Fähigkeit und der Wille, als Erzieherin die volle Verantwortung für die Qualität der Beziehung zu übernehmen,* ***die pädagogische Ethik.***

Die Summe der Vermittlungskompetenz und der Beziehungskompetenz eines Lehrers oder einer Erzieherin bestimmt folglich über die berufliche Kompetenz."[26]

[25] McKinsey & Company 2005

[26] Jesper Juul: Vom Gehorsam zur Verantwortung, Beltz-Verlag, Weinheim, S. 160

Dem Motto der McKinsey & Company „**Wer an den Kindern spart, wird in Zukunft verarmen**" entsprach die Bundesministerin für Bildung und Forschung Frau Annette Schavan, als sie auf dem ersten Hamburger Bildungs-Diskurs in der Körber-Stiftung am 9. Februar 2006 folgenden Aufruf kundtat: „Jede Schule und jeder Kindergarten sollte schöner und besser ausgestattet sein als die beste Sparkasse der Stadt". Sie forderte Pädagogen dazu auf, anstatt lange zu fragen und zu zaudern, lieber „Banden zur Veränderung ihrer Einrichtungen zu bilden".[27]

[27] „Die Entdeckung der frühen Jahre", Archiv der Zukunft 2006, Beltz-Verlag

Literaturhinweise

Leonhard Blumenstock: Spielerische Wege zur Schriftsprache im Kindergarten, Beltz-Verlag, Weinheim 2004
Cornelia Fabricius: Mit Kindern Formen zeichnen, Oratio Verlag, Schaffhausen 2005
Reinhard Fischer: Sprache Schlüssel zur Welt, Band 1, Auer Verlag, Donauwörth, 2005
Reinhard Fischer: Sprache Schlüssel zur Welt, Band 2, Auer Verlag, Donauwörth, 2006
Susanne Hertig: Vers & Form. Rhythmisches Zeichnen, Schubi Lernmedien, Braunschweig 2008
Lotte Ingrisch: Die neue Schmetterlingsschule. Die Rückkehr der Seele in den Unterricht, Langen Müller, München 2006
Claus-Dieter Kaul: Die zehn Wünsche der Kinder, Auer Verlag, Donauwörth 2005
Helmut Köckenberger: Bewegtes Lernen – lesen, schreiben, rechnen lernen mit dem ganzen Körper, verlag modernes lernen, borgmann publishing, Dortmund 2005
E.-M. von Kranich/M. Jünemann: Formenzeichnen. Die Entwicklung des Formensinnes in der Erziehung, Verlag Freies Geistesleben, Stuttgart 2000
Remo H. Largo: Kinderjahre, Piper, München 2009
Elena Marx/Jens Tröndle: CD Wir Kinder vom Kleistpark machen Musik, Carus-Verlag, Echterdingen 2008
Michael Mendizza, Joseph-Chilton Pearce: Neue Kinder, neue Eltern, Arbor Verlag, Freiamt im Schwarzwald 2003
Maria Montessori: Das kreative Kind, Herder Verlag, Freiburg 2005 (1972)
Maria Montessori: Die Entdeckung des Kindes, Herder Verlag, Freiburg 2007
H.D. Nicolay: Das Legasthenie-Märchen, Selbstverlag Nicolay, München
Gabriele Roß: Lustiges Sprechzeichnen, Pattloch-Verlag, München 2010
Claudia Schäfer: Kleinkinder fördern mit Maria Montessori, Herder Verlag, Freiburg 2006
Silke Schönrade/Günther Pütz: Die Abenteuer der kleinen Hexe, Bewegung, Wahrnehmung, borgmann publishing, Dortmund 2004
Marielle Seitz: Schreib es in den Sand, Dusyma GmbH, Schorndorf 2006
Marielle Seitz: Vom Formenzeichnen zum Schreibenlernen, Don Bosco Verlag, München 2006
Rudolf Seitz: Kreative Kinder. Das Praxisbuch für Eltern und Pädagogen, Kösel Verlag, München 2009
Waltraud Seyd: Sprache und Bewegung, Neckar-Verlag, Villingen-Schweningen, 2010
Antje Suhr: Sätze rollen, Wörter fliegen, Don Bosco Medien, München 2010
Gisela Tamm: Wer ist Walli? Spiel – Spielen, Erzählen, Lesen, Schreiben und Rechnen, Kallmeyer, Seelze 2006
Rebeca Wild: Lebensqualität für Kinder und andere Menschen, Beltz Verlag, Weinheim 2001

Empfohlenes Material

ABC – Stempel und mehr aus 5 Elementen, Verlag für pädagogische Medien, Unnastr. 19 20253 Hamburg
Rotraut S. Berner, Edmund Jacoby: Dunkel war's, der Mond schien helle – Verse, Reime, Gedichte, Gerstenberg, Hildesheim 1999
Rotraut S. Berner: Einfach alles – die Wortschatzkiste, Klett Verlag, Stuttgart 2009
Buchstaben-Memo, Gedächtnisspiel mit 60 Memokarten, Büro für illustres Gestalten Buchstabenbilder www.BUCHSTABENBILDER.DE
Eric Carle: Die kleine Raupe Nimmersatt, dtv junior, München 2010
Erle Carle: Today is monday, Puffin Books, London 2008
Erle Carle: Brown Bear, Brown Bear, What do You See?, Puffin Books, London
Katy Couprie, A. Louchard: Die ganze Welt, Gerstenberg, Hildesheim 1999
Doris Dörrie: Lotte will Prinzessin sein, Ravensburger Buchverlag 2008
W. Holzwarth: Vom kleinen Maulwurf, der wissen wollte …, Pop-up Ausgabe (auch englisch), Peter Hammer Verlag 2000

Dorothee Kreusch-Jakob: Finger spielen, Hände tanzen, Don Bosco Verlag, München 1997
Alain Le Saux u. G. Solotareff: Das kleine Museum, Moritz Verlag, Frankfurt a. M. 2006
Paul Maar: Die Maus, die hat Geburtstag heut, Verlag Friedrich Oetinger, Hamburg
Werner Meier: Die Kuh, die wollt ins Kino gehen, Sternschnuppe-Verlag, Ottenhofen 2006
CDs mit Liedern von Margit Sarholz & Werner Meier unter www.sternschnuppe.de
Barbara Oratius: Lirum, larum Wörterspiel, Christophorus Verlag, Freiburg 2003
M. Rosen u. H. Oxenbury: Wir gehen auf Bärenjagd, Sauerländer 2006
S. Schönrade u. G. Pütz: Die Abenteuer der kleinen Hexe im Buchstabenland